AF456328

MARIUS ROUVIER

GRAMMAIRE MUSICALE

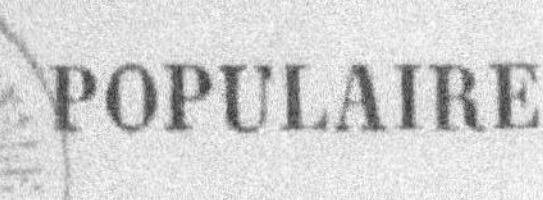

POPULAIRE

OU

l'art d'apprendre la Musique sans professeur.

DÉDIÉE

A M. Ambroise Thomas

Directeur du Conservatoire de Paris.

Prix net : 1 fr. 50 c.

MARSEILLE

ALFRED CARNAUD, ÉDITEUR

Successeur de Marius Féraud, quai du Port, 32.

1873

AIX-EN-PROVENCE
Typographie musicale Remondet-Aubin.

PRÉFACE

Amphion, Josué, musiciens antiques,
Le temps n'a pas brisé vos instruments magiques,
Prévoyant qu'après vous d'autres s'en serviraient.

Dernières Chansons de Bouillet (page 145).

La GRAMMAIRE MUSICALE POPULAIRE est appelée à obtenir un légitime succès en France. Depuis la création des méthodes de Musique, une seule manquait, la *méthode populaire;* c'est-à-dire, un livre qui expliquât naturellement les premières notions de la Musique.

L'extrême simplicité des expressions qu'a employées l'auteur de cette Grammaire, la netteté parfaite de ses explications, ses excellentes leçons théoriques feront assurément de cet ouvrage un livre classique. A ces mérites incontestables, la *Grammaire musicale populaire* de M. Marius Rouvier joint celui d'une concision qui s'allie très heureusement à la plus complète lucidité.

L'auteur a su dire dans un si petit volume tout ce que contiennent les grandes méthodes.

Une longue expérience dans l'enseignement de la Musique lui a fait reconnaître les lacunes qui restaient à combler.

Les difficultés qu'éprouvent dès le début les jeunes élèves désireux d'apprendre la Musique ne laissent pas d'en décourager un grand nombre. La plupart des méthodes connues n'ont pu, je ne dirai pas détruire mais aplanir ces difficultés ; pourquoi ? C'est qu'ils n'ont pas ou que très peu fréquenté la classe ouvrière, c'est-à-dire, ceux qui n'ont pas passé quinze ans de leur vie sur les bancs des colléges et qui ne connaissent pas tous les mots recherchés dont le langage vulgaire ne se sert pas.

Le professeur Marius Rouvier a pris la tâche à cœur en composant sa Grammaire, où l'extrême clarté est jointe à la plus grande simplicité.

A. C.

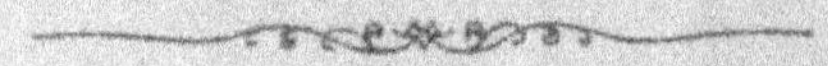

GRAMMAIRE MUSICALE

POPULAIRE

CHAPITRE Ier.

Des principes de la Musique.

La MUSIQUE est l'art de combiner les sons et de les exprimer soit au moyen de la voix, soit au moyen d'un instrument quelconque.

Afin de rendre sensible à l'œil l'expression des sons, on a adopté un certain nombre de signes appelés *notes.*

La nature du son à exprimer peut varier suivant la durée plus ou moins longue, l'intensité plus ou moins grande que l'on veut obtenir ; de là est venue la nécessité de modifier ces signes ou notes de manière à en changer la valeur.

La combinaison de divers sons *qui se succèdent* produit ce que l'on appelle la Mélodie.

L'ensemble de plusieurs *sons simultanés* variant entre eux par la force, la durée, les nuances, le timbre, et formant, malgré ces diverses causes, un tout complet résonant à l'oreille, constitue ce que l'on appelle l'Harmonie.

Les signes adoptés pour la représentation des sons en Musique sont au nombre de sept, qui ont été appelés

DO, RÉ, MI, FA, SOL, LA, SI.

Pour rendre ces signes rapidement et facilement reconnaissables on a adopté l'usage de les placer sur une série de lignes parallèles formant entre elles *des lignes* et *des interlignes.*

Exemple.

Ces lignes, toujours au nombre de cinq, forment ce que l'on appelle la *portée musicale*.

Les lignes se numérotent de bas en haut et prennent le nom de *1re*, *2e*, *3e*, *4e* et *5e* lignes.

EXEMPLE.

Portée musicale.

5e ligne
4e ligne
3e ligne
2e ligne
1re ligne

Elles forment entre elles quatre interlignes qui se numérotent également de bas en haut et prennent le nom de 1er, 2e, 3e et 4e interlignes.

EXEMPLE.

Portée musicale.

4e interligne
3e interligne
2e interligne
1er interligne

Le nom des notes varie suivant la position qu'elles occupent dans la portée musicale, sur les lignes et dans les interlignes.

EXEMPLE.

Notes

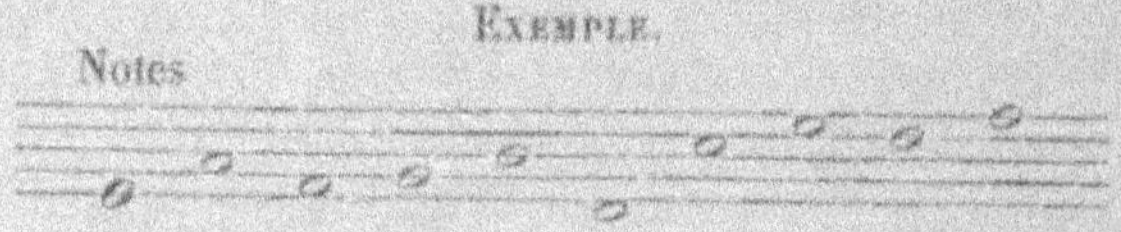

Le nom des notes se détermine au moyen de trois signes appelés *clefs*, dont la plus usitée pour l'exécution de la Musique par la voix humaine ou par les instruments chantants est la *clef de sol*, 𝄞 placée sur la deuxième ligne de la portée musicale :

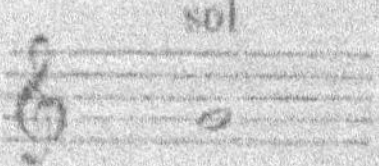

La note placée sur la ligne de la clef prend le nom de la clef, et sert de base pour le nom des notes qui la suivent ou qui la précèdent.

EXEMPLE.

sol fa mi ré do ré mi fa sol la si do ré mi fa sol

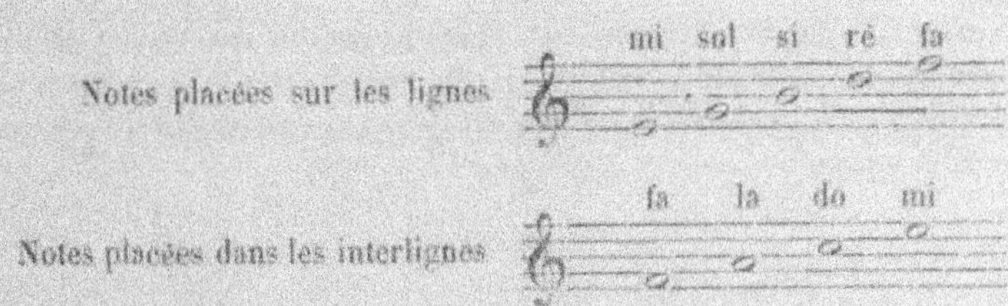

Les deux autres clefs ont reçu le nom de clef d'*ut* et de clef de *fa* ; l'application de leur effet et de leur usage est renvoyée au chapitre XXXIV.

Afin de ne pas créer de confusion entre elles dans l'esprit de l'élève qui commence l'étude musicale, on ne parle tout d'abord que de la clef de *sol*.

ÉTUDE.

sol mi la fa ré do mi sol si ré fa mi do la fa ré mi si ré fa mi do do

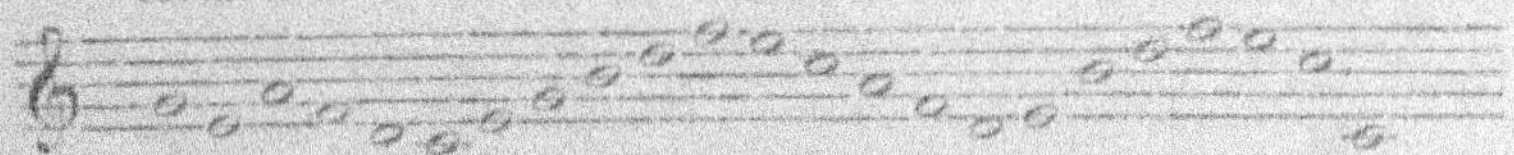

L'élève devra s'exercer à la lecture et à la pratique du nom des notes.

L'ensemble de la *portée musicale* ordinaire renferme cinq lignes et quatre interlignes, et ne peut exprimer que onze sons différents, en comptant la note placée au-dessous de la portée et la note placée au-dessus.

EXEMPLE.

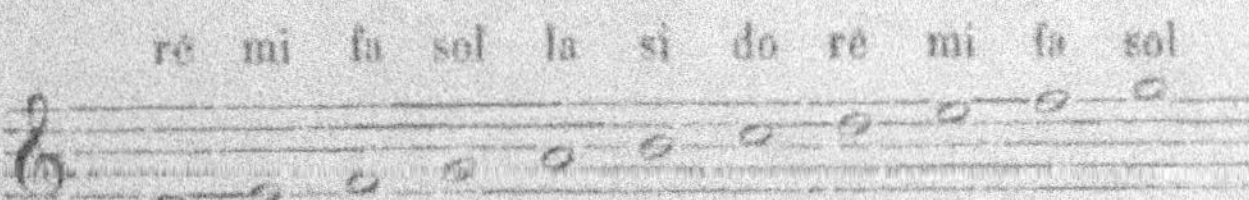

Les instruments, la voix humaine elle-même, pouvant dépasser de beaucoup ce nombre, on a dû avoir recours à des signes supplémentaires appelés *lignes additionnelles*, qui se placent au-dessus et au-dessous de la portée musicale : au-dessus de la portée, pour représenter les sons les plus *aigus* ; au-dessous de la portée, pour représenter les sons les plus *graves*.

EXEMPLE.

Le tracé des lignes additionnelles ne se fait que d'une largeur un peu plus grande que celle de la note dont elle doit indiquer la position ; la position de la note placée au-dessus ou au-dessous, à une ligne additionnelle, équivaut à celle d'une note placée dans un interligne.

EXEMPLE.

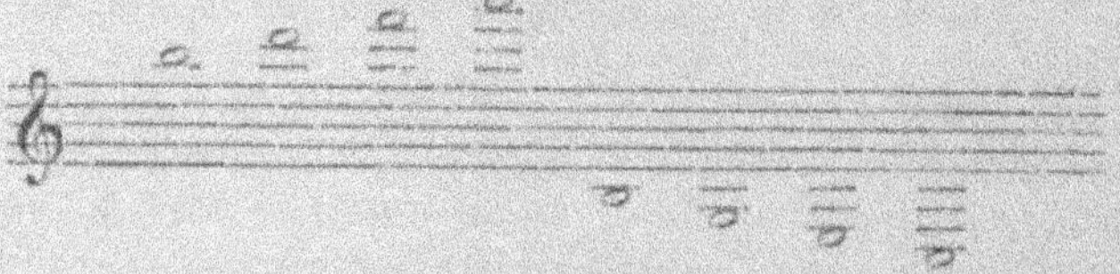

La note traversée par une ligne additionnelle équivaut à une note qui serait placée sur une ligne.

EXEMPLE.

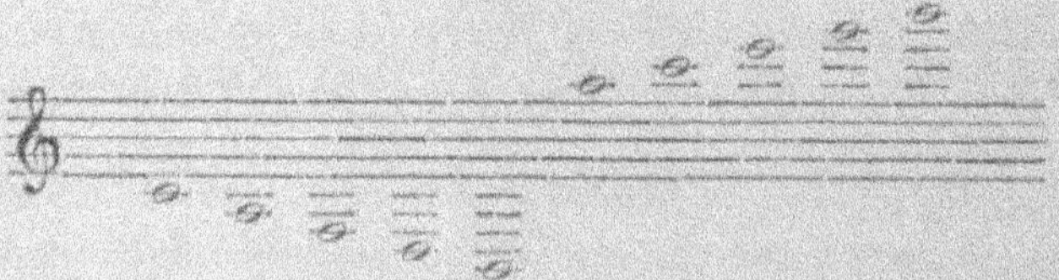

On a adopté cette manière de tracer les lignes additionnelles afin de toujours laisser complétement distinctes les cinq lignes qui composent la portée musicale.

Noms des notes sur les lignes et dans les interlignes additionnels.

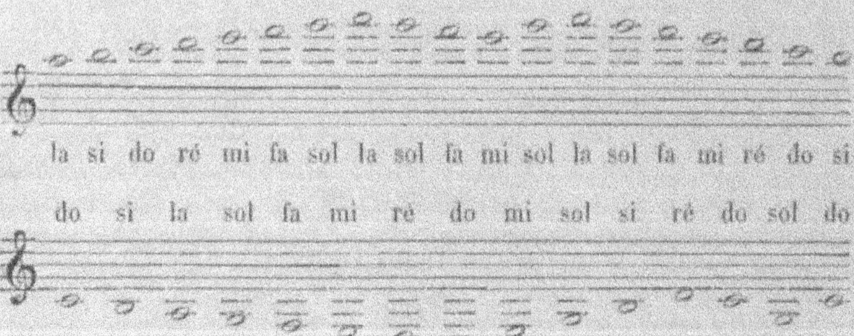

CHAPITRE II

De la gamme.

Les sept notes adoptées pour représenter les sons, placées sur la portée musicale, suivant une série montante ou descendante, constituent ce que l'on appelle *une gamme*.

EXEMPLE.

do ré mi fa sol la si do ré mi fa sol

Gamme

La représentation des sons aigus ou graves s'obtient par la continuation des notes de la gamme ordinaire sur la portée et sur les lignes et interlignes additionnels, en *descendant* pour les *sons graves*, en *montant* pour les *sons aigus*.

EXEMPLE.

Gamme montante.

Gamme descendante.

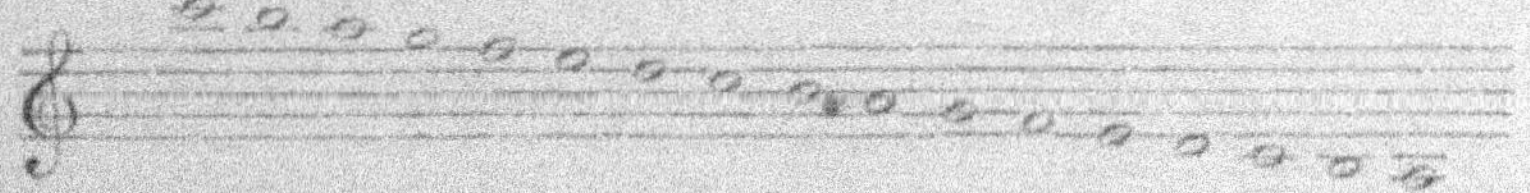

CHAPITRE III

De l'octave.

L'étendue qui existe entre deux notes de même nom séparées l'une de l'autre par l'intervalle d'une gamme, constitue ce que l'on appelle une *octave*.

EXEMPLE.

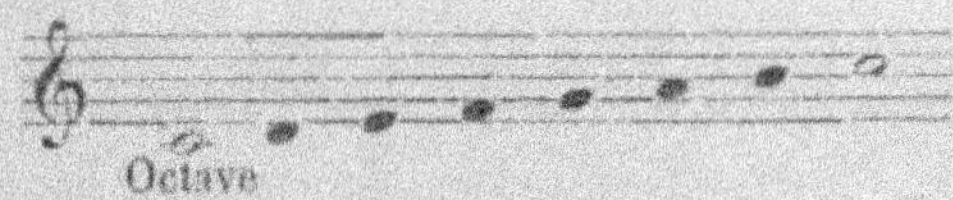

Les *octaves*, comme les gammes, peuvent être indifféremment *montantes* ou *descendantes*.

Exemple.

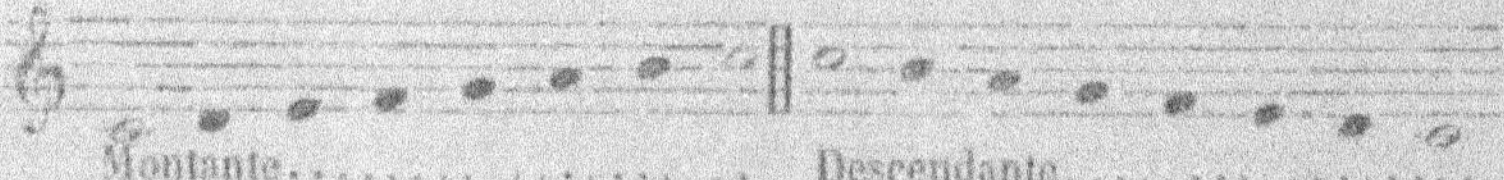

Montante........ .... Descendante........ ....

L'octave est renfermée réellement par la répétition à un intervalle de sept degrés, soit ascendants soit descendants, d'un premier son par un son de même nom.

Exemple.

Octaves ascendantes ou montantes.

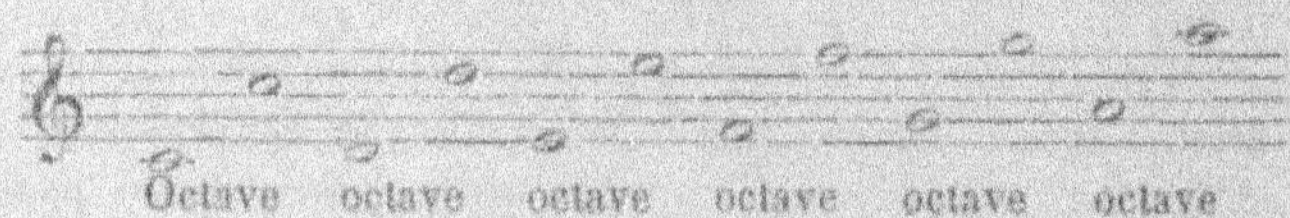

Octave octave octave octave octave octave

Octaves descendantes.

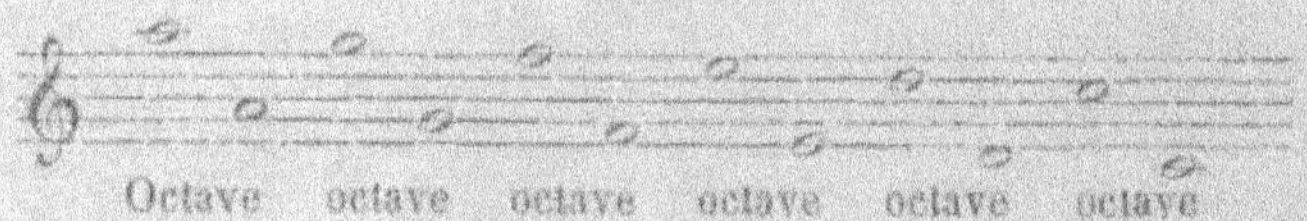

Octave octave octave octave octave octave

Une gamme peut se composer d'un nombre d'octaves qui n'a pour limites que l'étendue de la voix ou de l'instrument.

Gammes composées de plusieurs octaves.

1re octave.............. 2e octave................

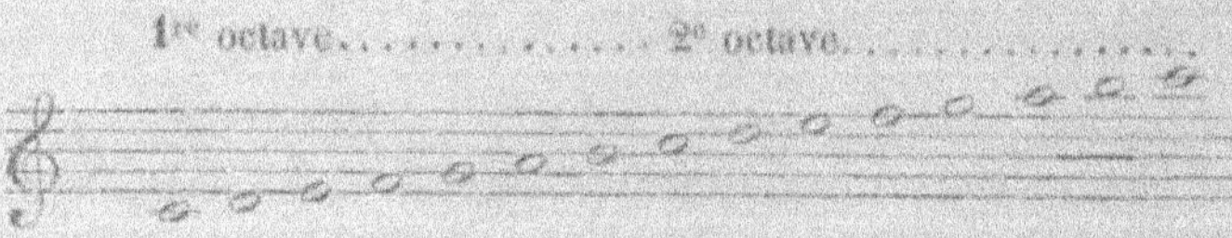

Gamme montante composée de deux octaves.

1re octave.............. 2e octave................

Gamme descendante composée de deux octaves.

CHAPITRE IV

De la valeur des notes.

La combinaison particulière des notes entre elles ne produit pas seule la Musique ; elle ne suffit pas pour produire l'impression agréable reçue par l'oreille même la moins exercée : la *durée relative des sons entre eux* complète ce que la combinaison des sons ne pourrait produire seule.

Cette durée relative des sons entre eux a reçu le nom de *valeur des notes* ; toutes les valeurs diverses ont entre elles une relation que l'élève devra s'attacher à distinguer au premier coup d'œil.

Pour faire connaître distinctement la *valeur des notes*, chacune d'elles, tout en restant sur les mêmes lignes ou dans les mêmes interlignes peut offrir à l'œil une forme différente appelée d'un nom différent. Sept noms s'appliquent aux diverses modifications que peut subir la même note, savoir : *ronde, blanche, noire, croche, double croche, triple croche, quadruple croche.*

Ronde, blanche, noire, croche, double croche, triple cr^{e}, quadruple cr^{e}

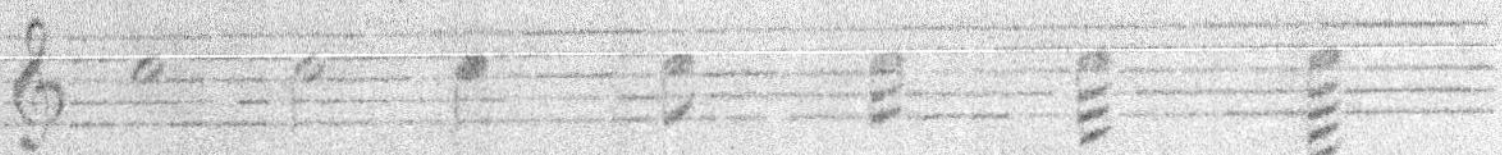

La position des queues jointes aux blanches et aux noires pour former les croches, doubles croches, triples et quadruples croches, ne change en rien la valeur de cette note, que la queue soit placée en haut ou en bas.

Exemple.

Ronde, blanches, noires, croches, doubles cr^{es}, triples cr^{es}, quadr. cr^{es}

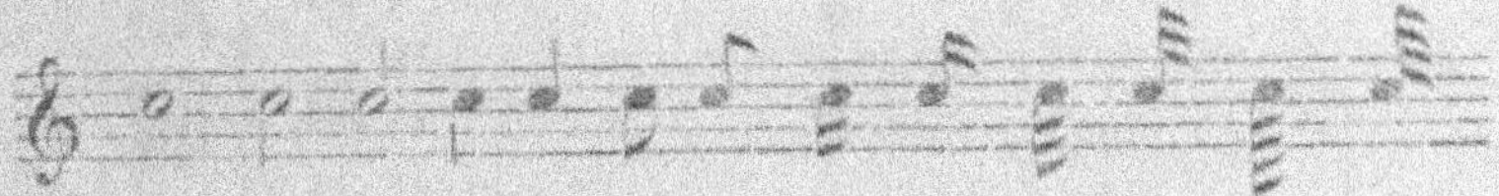

La *valeur relative* de chacune de ces diverses modifications de la note entre elles est indiquée dans le tableau suivant, dont la connaissance parfaite est indispensable avant d'aller plus avant dans l'étude de la Musique.

TABLEAU DES VALEURS

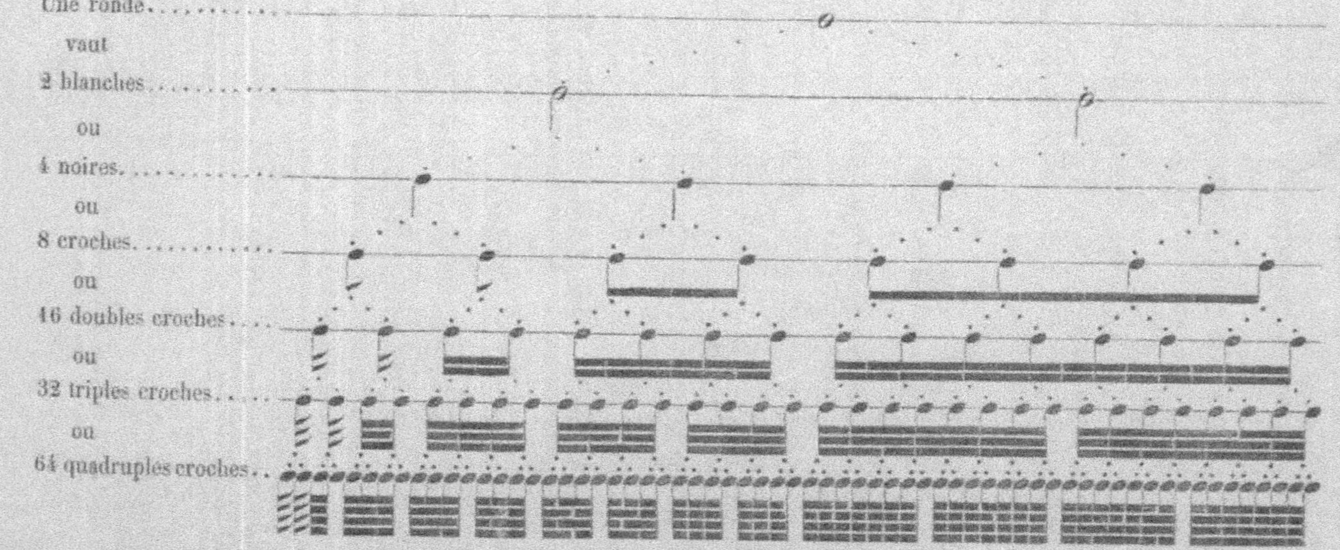

De même que la valeur équivalente à celle de la blanche est de 2 noires, 4 croches, 8 doubles, 16 triples, ou 32 quadruples croches.

De même que la valeur équivalente à celle de la noire est de 2 croches, 4 doubles, 8 triples, ou 16 quadruples croches.

De même que la valeur équivalente à celle de la croche est de 2 doubles, 4 triples, ou 8 quadruples croches.

De même que la valeur équivalente à celle de la double croche est de 2 triples, ou 4 quadruples croches.

De même que la valeur équivalente à celle de la triple croche est de 2 quadruples croches.

CHAPITRE V

Des silences.

Dans l'exécution d'un morceau de Musique quelconque, soit au moyen de la voix humaine, soit au moyen des instruments, il est indispensable de laisser à la voix et aux instruments des repos qui permettent de reprendre haleine et d'éviter la confusion ; ces repos ont reçu le nom de *silences* ou *pauses*. Ils sont représentés par des signes, au nombre de sept, et dont chacun correspond à une des valeurs de la note dont il a été parlé précédemment.

Les diverses espèces de *silences* en usage dans la Musique ont été appelés *pause, demi-pause, soupir, demi-soupir, quart de soupir, demi-quart de soupir* ou *huitième de soupir, seizième de soupir*.

TABLEAU DES SILENCES ET VALEURS QU'ILS REPRÉSENTENT

Pause..............	𝄻	silence de la	𝅝	ronde.
Demie-pause.......	𝄼	silence de la	𝅗𝅥	blanche.
Soupir..............	𝄽	silence de la	𝅘𝅥	noire.
Demi-soupir........	𝄾	silence de la	𝅘𝅥𝅮	croche.
Quart de soupir.....	𝄿	silence de la	𝅘𝅥𝅯	double croche.
Demi-quart de soupir	𝅀	silence de la	𝅘𝅥𝅰	triple croche.
Seizième de soupir...	𝅁	silence de la	𝅘𝅥𝅱	quadruple croche.

C'est par l'emploi habile de ces diverses espèces de silences que le compositeur arrive à obtenir et à produire la plupart des effets qui frappent et étonnent dans l'exécution de la Musique.

Souvent, pour obtenir ces effets dans la Musique vocale et instrumentale il est nécessaire qu'une ou plusieurs parties ou qu'un ou plusieurs instruments observent le silence pendant un certain laps de temps, pendant un certain nombre de mesures (Voir chapitre VIII). Un signe différent et un chiffre placé au-dessus de la portée indique le laps de temps pendant lequel le silence doit être observé par l'exécutant.

Exemple.

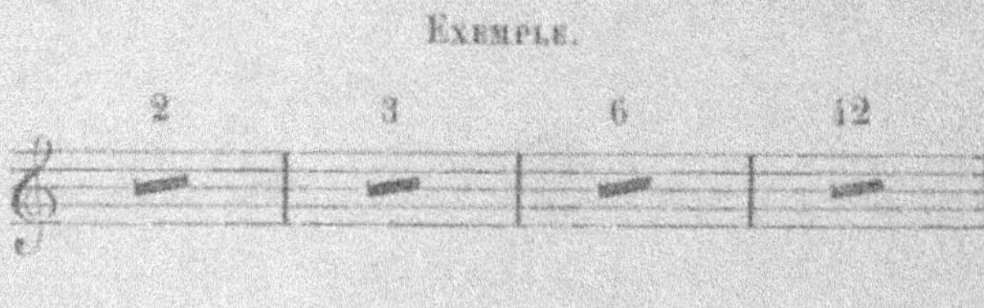

CHAPITRE VI

Des points.

Parfois, il devient également nécessaire de modifier la valeur d'une note ; on y arrive en plaçant après cette note *un point.*

Un point placé après une note quelconque l'augmente de la moitié de sa valeur, et s'appelle note pointée.

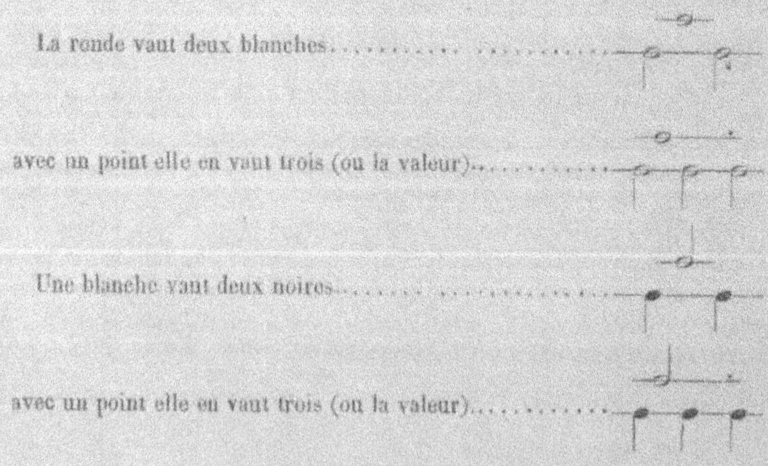

Une noire vaut deux croches..............

avec un point elle en vaut trois (ou la valeur)..........

Une croche vaut deux doubles croches..........

avec un point elle en vaut trois (ou la valeur)..........

Une double croche vaut deux triples croches..........

avec un point elle en vaut trois (ou la valeur)..........

Une triple croche vaut deux quadruples croches..........

avec un point elle en vaut trois (ou la valeur)..........

Souvent on prolonge la valeur d'une note déjà pointée ; on a recours pour cela à l'emploi d'un second point qui se place alors à la suite et à la droite du premier. Ce second point augmente la note d'une valeur égale à la moitié de celle qui lui a été donnée déjà par le placement du premier point ; la note accompagnée de ce signe est appelée note avec un *double point* ou note *double pointée*.

Exemple.

La ronde pointée vaut trois blanches........................

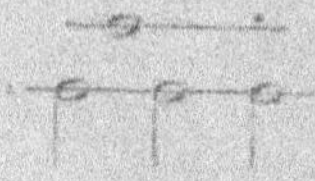

avec un double point elle vaut
trois blanches et une noire (ou la valeur). ....

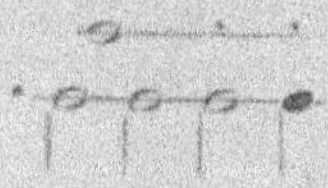

Une blanche pointée vaut trois noires........................

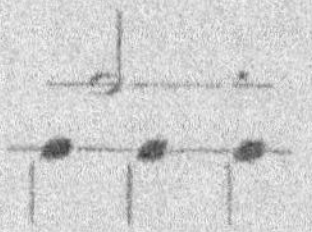

avec un double point elle vaut
trois noires et une croche (ou la valeur)........................

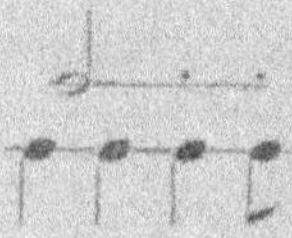

Une noire pointée vaut trois croches........................

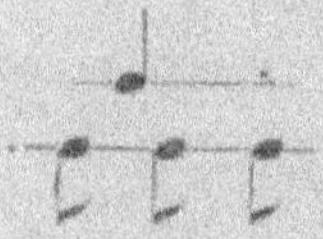

avec un double point elle vaut
trois croches et une double croche (ou la valeur)..........

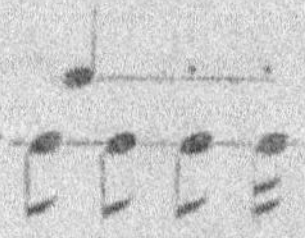

Une croche pointée vaut trois doubles croches..........

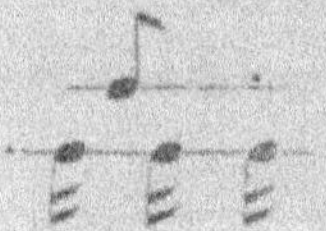

avec un double point elle vaut
trois doubles croches et une triple croche (ou la valeur). . ..

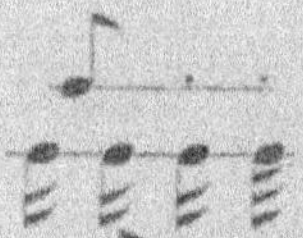

Une double croche pointée vaut trois triples croches. . . .

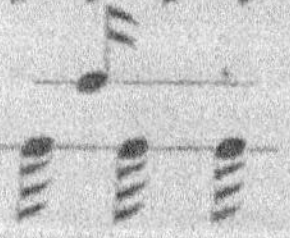

avec un double point elle vaut
trois triples croches et une quadruple croche (ou la valeur). . .

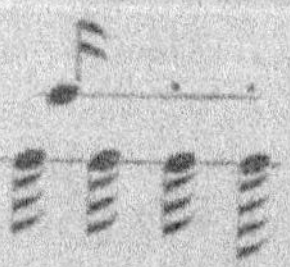

Le double point ne peut aller plus loin que la valeur de celle de la double croche, n'existant pas de valeur en dessous de celle de la quadruple croche.

CHAPITRE VII

Des silences pointés et doubles pointés.

Les silences aussi bien que les notes peuvent être modifiés au moyen d'un point et d'un double point ; la valeur de ces points est la même que celle qu'ils donnent aux notes et à la suite desquels ils sont placés.

Un point placé après un silence l'augmente d'une valeur égale à la moitié de sa valeur primitive.

Par conséquent, lorsque le chanteur ou l'instrumentiste rencontrent, dans le cours d'un morceau, des silences pointés ou doubles pointés, ils ne doivent point oublier que la valeur de ce silence est égale à celle qui serait donnée par le même signe, point ou double point, à la note équivalant à ce silence.

Exemple.

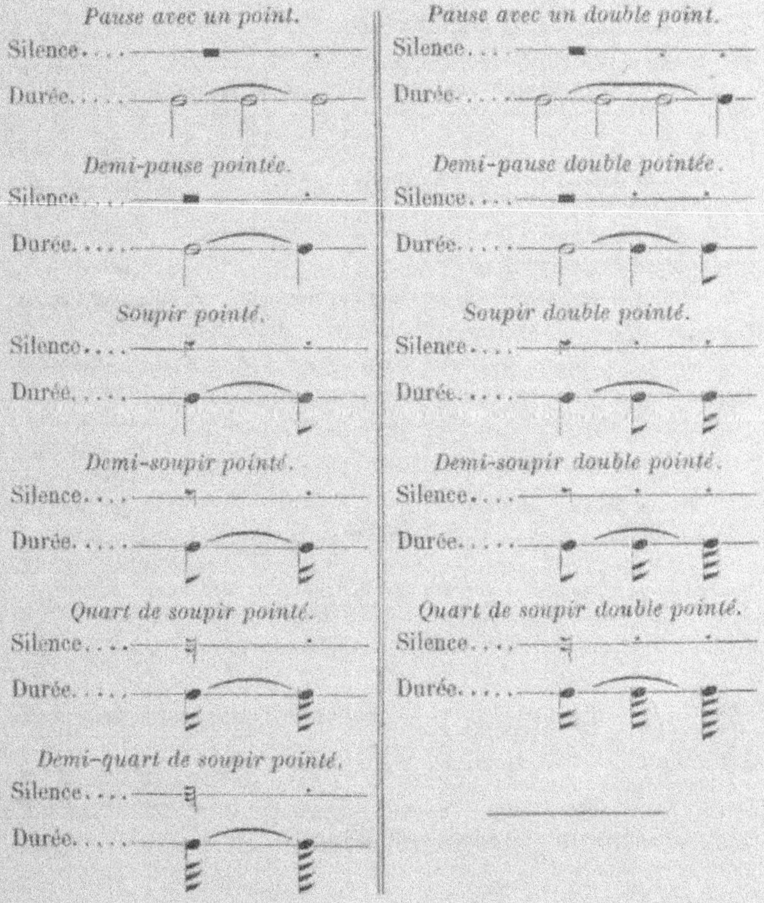

Pause avec un point.

Silence. . . .

Durée. . . .

Demi-pause pointée.

Silence. . . .

Durée. . . .

Soupir pointé.

Silence. . . .

Durée. . . .

Demi-soupir pointé.

Silence. . . .

Durée. . . .

Quart de soupir pointé.

Silence. . . .

Durée. . . .

Demi-quart de soupir pointé.

Silence. . . .

Durée. . . .

Pause avec un double point.

Silence. . . .

Durée. . . .

Demi-pause double pointée.

Silence. . . .

Durée. . . .

Soupir double pointé.

Silence. . . .

Durée. . . .

Demi-soupir double pointé.

Silence. . . .

Durée. . . .

Quart de soupir double pointé.

Silence. . . .

Durée. . . .

CHAPITRE VIII

Des mesures.

Pour obtenir en Musique l'effet harmonieux que l'on recherche il faut une grande régularité dans l'exécution.

On y arrive en séparant par parties d'une valeur égale les notes composant le morceau. Ce mode de division a reçu le nom de *mesure* ; il est indiqué dans l'écriture musicale au moyen de barres verticales coupant les lignes de la portée dans toute sa hauteur.

On a donné à ces lignes verticales le nom de *barres de mesure*.

EXEMPLE.

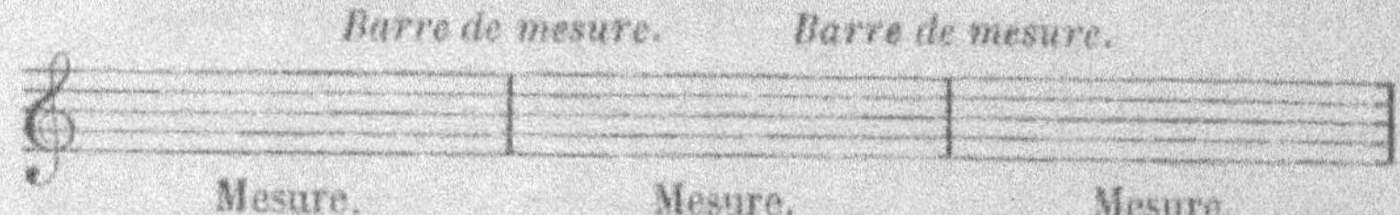

Il existe deux espèces de mesures : la *mesure simple* et la *mesure composée*.

Il y a trois genres de mesures simples, qui sont : la *mesure à quatre temps*, la *mesure à trois temps*, la *mesure à deux temps*.

La mesure à *quatre temps* est indiquée par la lettre **C** ou par le chiffre **4** placé sur la portée musicale au commencement du morceau.

La mesure à *trois temps* est indiquée par le chiffre **3**.

La mesure à *deux temps* est indiquée par le chiffre **2**.

EXEMPLE.

Pour avoir un point de départ régulier dans la création des mesures on a adopté la ronde comme valeur de base.

Les mesures ont été décomposées en un certain nombre de subdivisions qui ont reçu le nom de *temps*, et dont le nombre fait connaître la cadence à laquelle doit être exécuté le morceau de Musique.

Mesure à quatre temps.

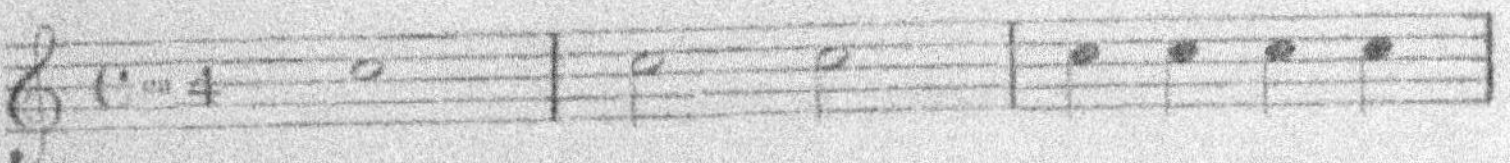

La mesure à quatre temps se divise en quatre parties égales.

EXEMPLE.

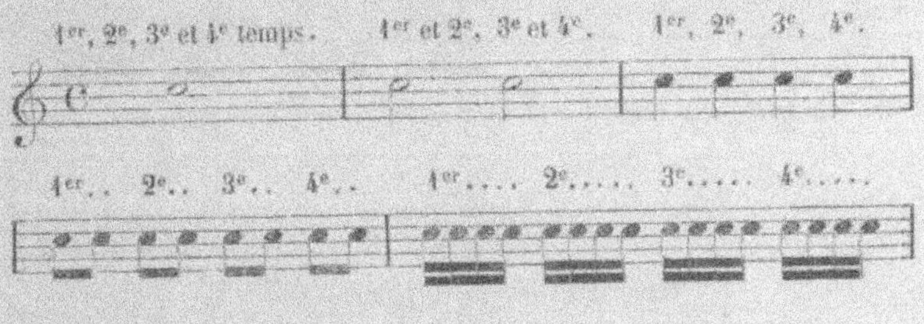

Mesure à trois temps.

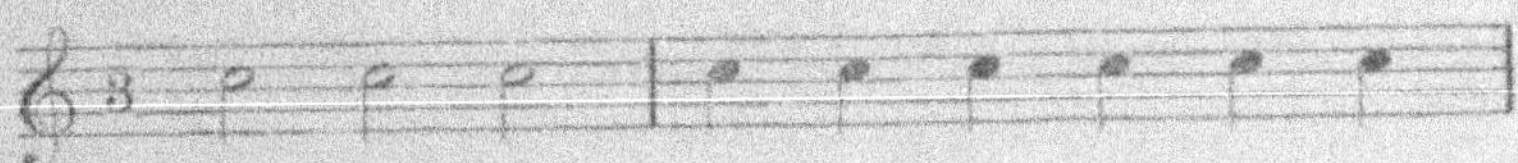

La mesure à trois temps se divise en trois parties égales.

EXEMPLE.

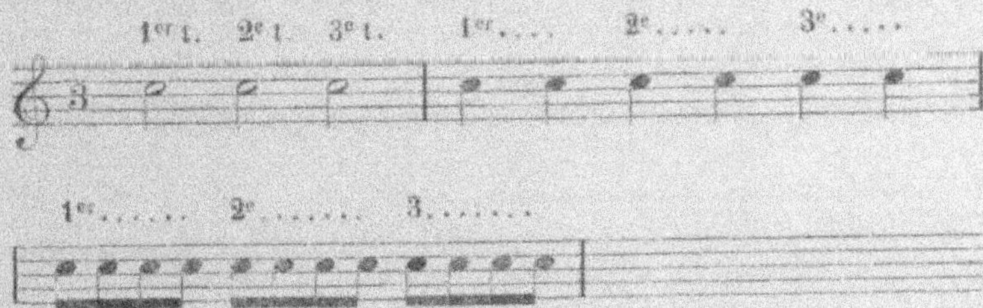

Mesure à deux temps.

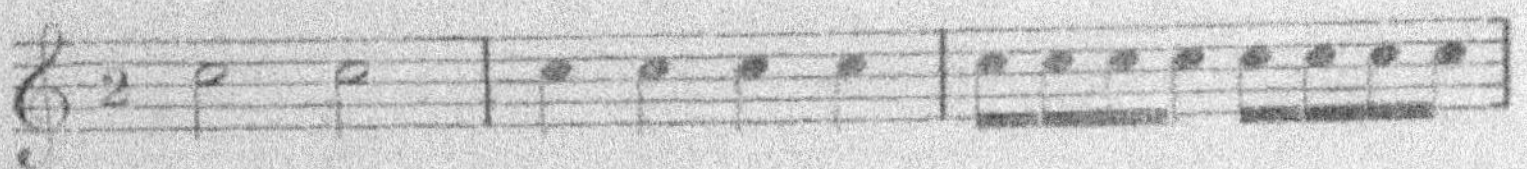

La mesure à deux temps se divise en deux parties égales.

Exemple.

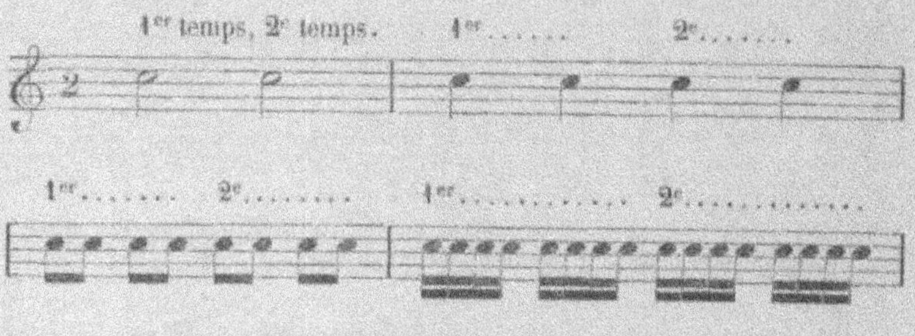

CHAPITRE IX

Des mesures composées.

Il y a dix espèces de mesures composées qui dérivent des mesures simples; ce sont les mesures ci-dessous, qui s'écrivent de la manière suivante :

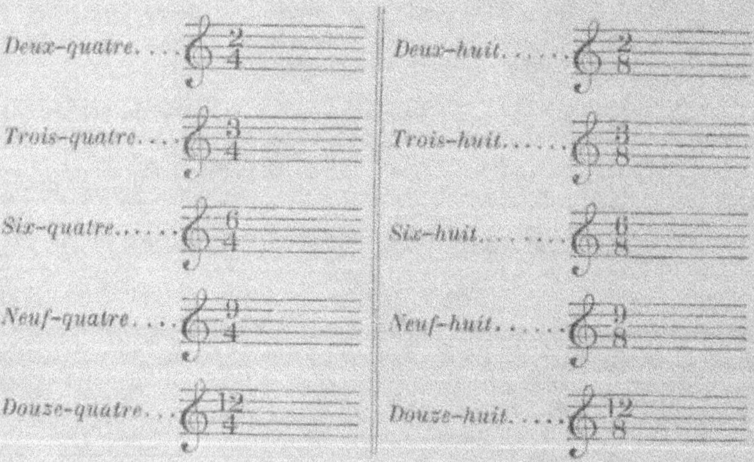

La valeur de la ronde étant prise comme valeur de base pour la comparaison des diverses mesures entre elles, dans les mesures composées le chiffre supérieur indique la quantité de valeur, le chiffre inférieur indique à quelle subdivision de la ronde se rapporte cette valeur.

EXEMPLE.

Chiffre supérieur.	2	Chiffre supérieur.	2
Chiffre inférieur..	4	Chiffre inférieur..	8
Chiffre supérieur.	3	Chiffre supérieur.	3
Chiffre inférieur..	4	Chiffre inférieur..	8
Chiffre supérieur.	6	Chiffre supérieur.	6
Chiffre inférieur..	4	Chiffre inférieur..	8
Chiffre supérieur.	9	Chiffre supérieur.	9
Chiffre inférieur.	4	Chiffre inférieur..	8
Chiffre supérieur.	12	Chiffre supérieur.	12
Chiffre inférieur..	4	Chiffre inférieur.	8

On peut remarquer que dans les indications des mesures composées, le chiffre inférieur est toujours **4** ou **8**. Le chiffre **4** indique que la subdivision à laquelle doit s'appliquer la quantité indiquée par le chiffre supérieur est égale au quart de la ronde, c'est-à-dire à la *noire*, attendu qu'il faut quatre noires pour faire une valeur de ronde ; chaque noire vaut le quart de la ronde.

Le **8** indique que cette quantité s'applique à la huitième partie de la ronde, c'est-à-dire à la *croche*, attendu qu'il faut huit croches pour faire une valeur de ronde ; chaque croche vaut la huitième partie de la ronde.

EXPLICATION DES MESURES COMPOSÉES

Deux-quatre.... 2/4 2 noires ou 2 fois le quart de la ronde.

Trois-quatre... 3/4 3 noires ou 3 fois le quart de la ronde.

Six-quatre..... 6/4 6 noires ou 6 fois le quart de la ronde.

Neuf-quatre.... 9/4 9 noires ou 9 fois le quart de la ronde.

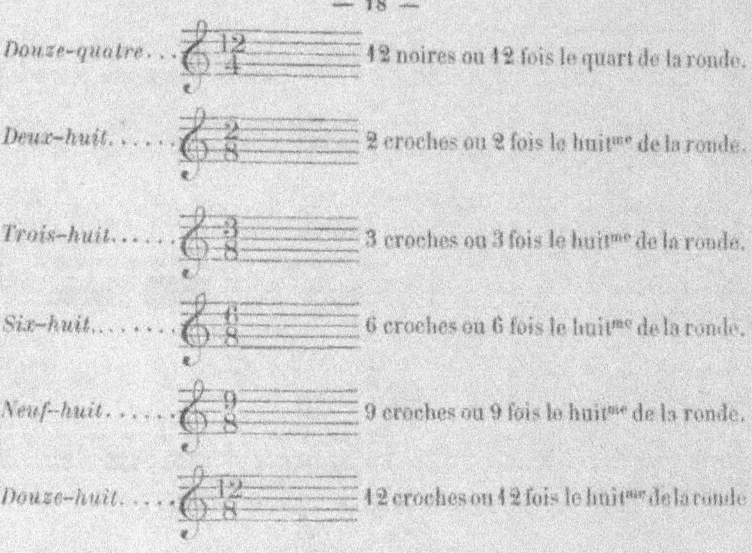

EXEMPLES SUR TOUTES LES MESURES COMPOSÉES

Deux-quatre.

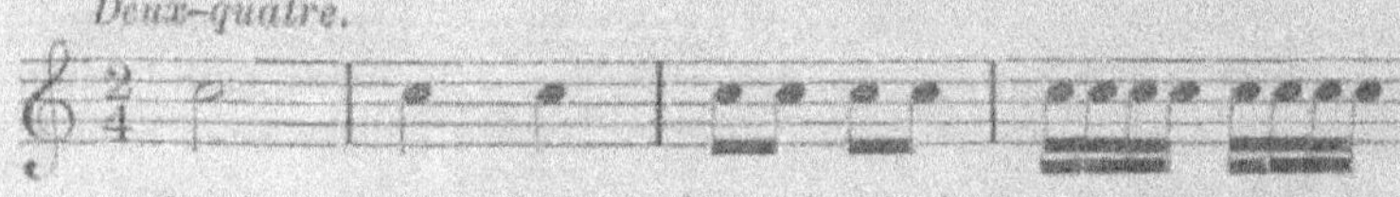

2 noires ou quart de la ronde, ou leur valeur.

Trois-quatre.

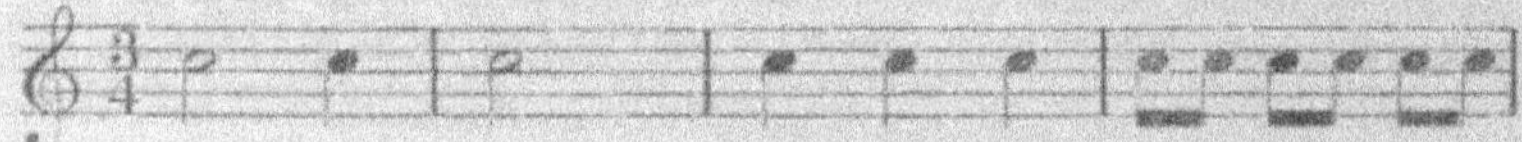

3 noires ou quart de la ronde, ou leur valeur.

Six-quatre.

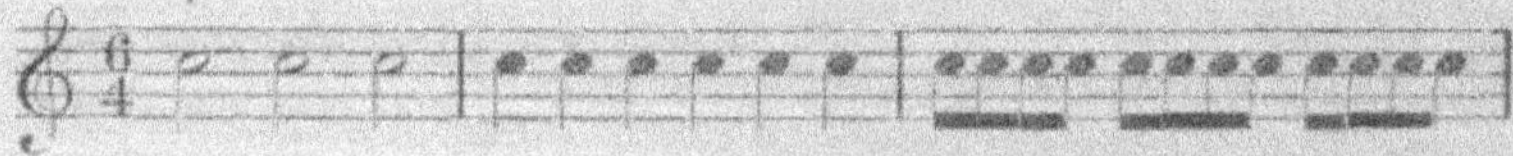

6 noires ou quart de la ronde, ou leur valeur.

Neuf-quatre.

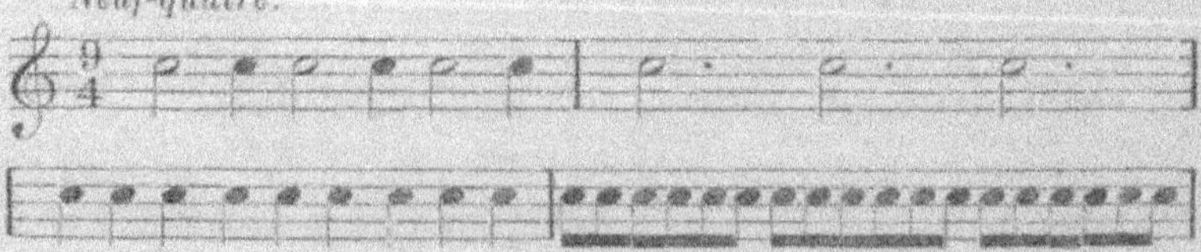

9 noires ou quart de la ronde, ou leur valeur.

Douze-quatre.

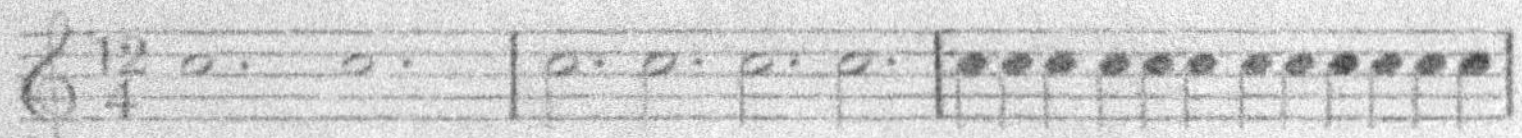

12 noires ou quart de la ronde, ou leur valeur.

Deux-huit.

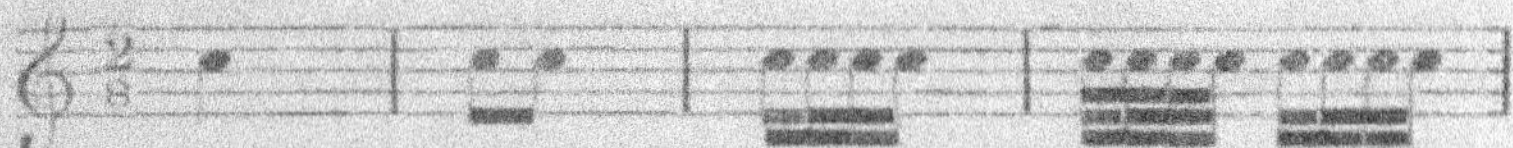

2 croches ou huitième de la ronde, ou leur valeur.

Trois-huit.

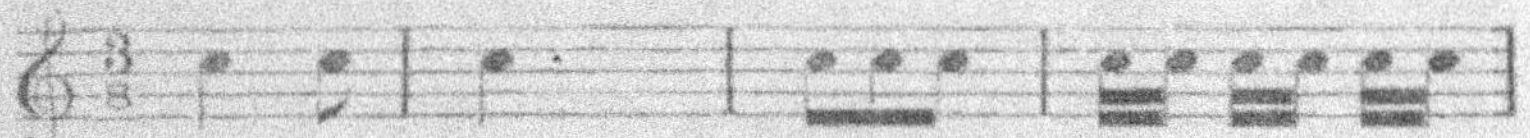

3 croches ou huitième de la ronde, ou leur valeur.

Six-huit.

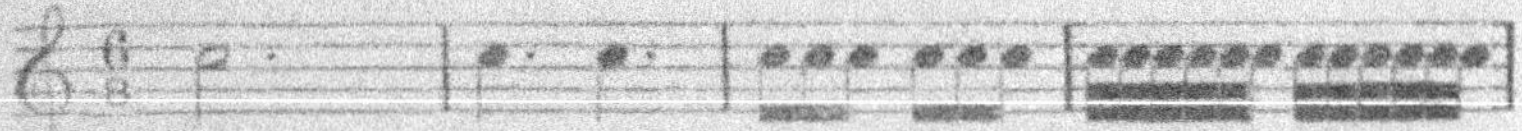

6 croches ou huitième de la ronde, ou leur valeur.

Neuf-huit.

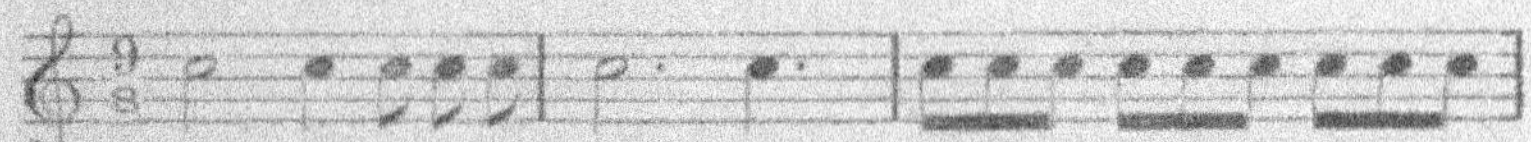

9 croches ou huitième de la ronde, ou leur valeur.

Douze-huit.

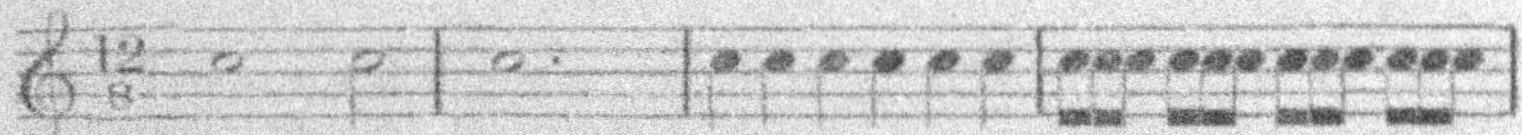

12 croches ou huitième de la croche, ou leur valeur.

Dans les *mesures composées* aussi bien que dans les *mesures simples* il existe des mesures à *quatre temps*, *trois temps* et *deux temps*.

MANIÈRE DE CONNAITRE LES MESURES

à quatre, trois et deux temps,

dans les mesures composées et au premier coup-d'œil.

Le chiffre supérieur, s'il est *pair*, indique que la mesure est à *quatre temps* ou à *deux temps*.

Le chiffre supérieur, s'il est *impair*, indique que la mesure est à *trois temps*.

Parmi les chiffres pairs, il n'y a que les mesures à *douze-quatre* ou à *douze-huit* qui se divisent à *quatre temps*.

Exemple.

Deux temps.	Deux temps.	Deux temps.
2/8	2/4	6/8
Deux temps.	Quatre temps.	Quatre temps.
6/4	12/8	12/4

Trois temps.	Trois temps.	Trois temps.	Trois temps.
3/8	3/4	9/8	9/4

Ainsi que nous l'avons fait connaître au chapitre V, souvent il est nécessaire, dans l'exécution d'un morceau de Musique, d'indiquer les repos qui doivent se prolonger pendant plusieurs mesures. Pour indiquer ces pauses, on place sur la portée musicale, entre deux barres de mesure, le signe ou le chiffre indiquant le nombre de mesures qu'il représente.

Exemple.

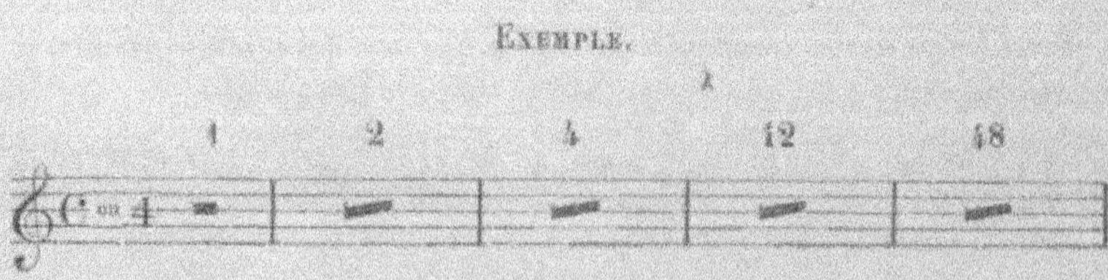

Quelle que soit la nature de la mesure simple ou composée indiquée pour l'écriture du morceau, la *pause* se compte toujours pour la *valeur complète d'une mesure*.

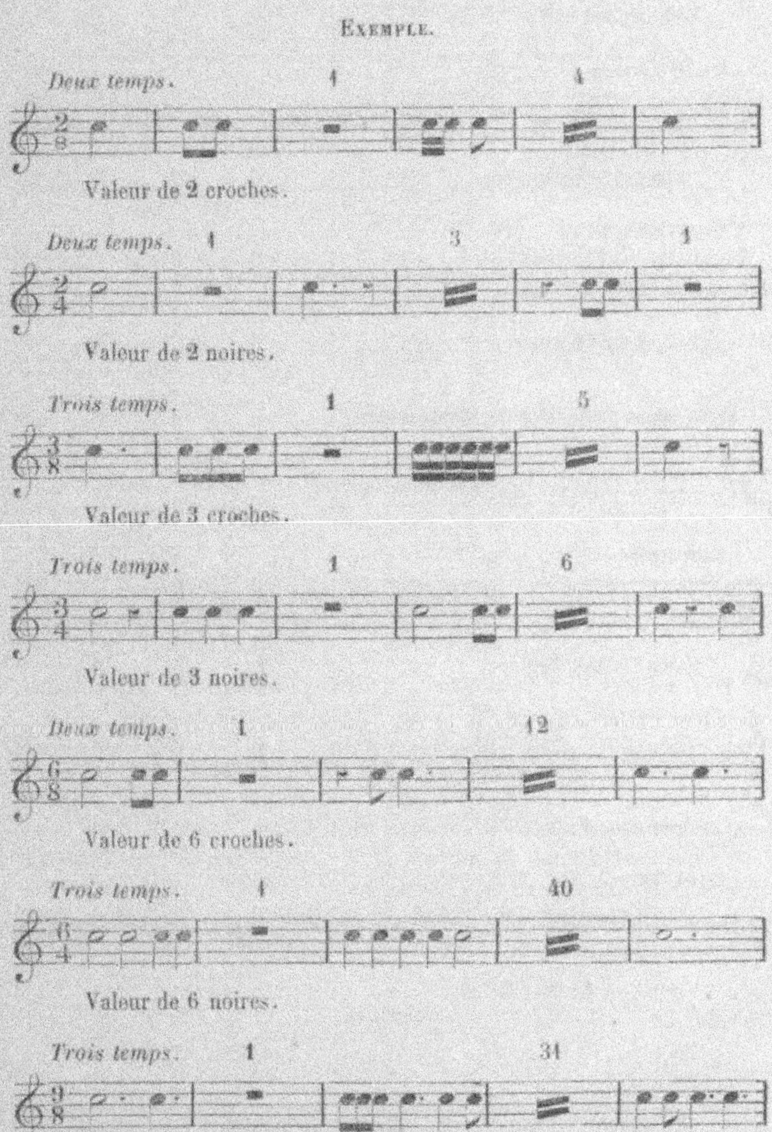

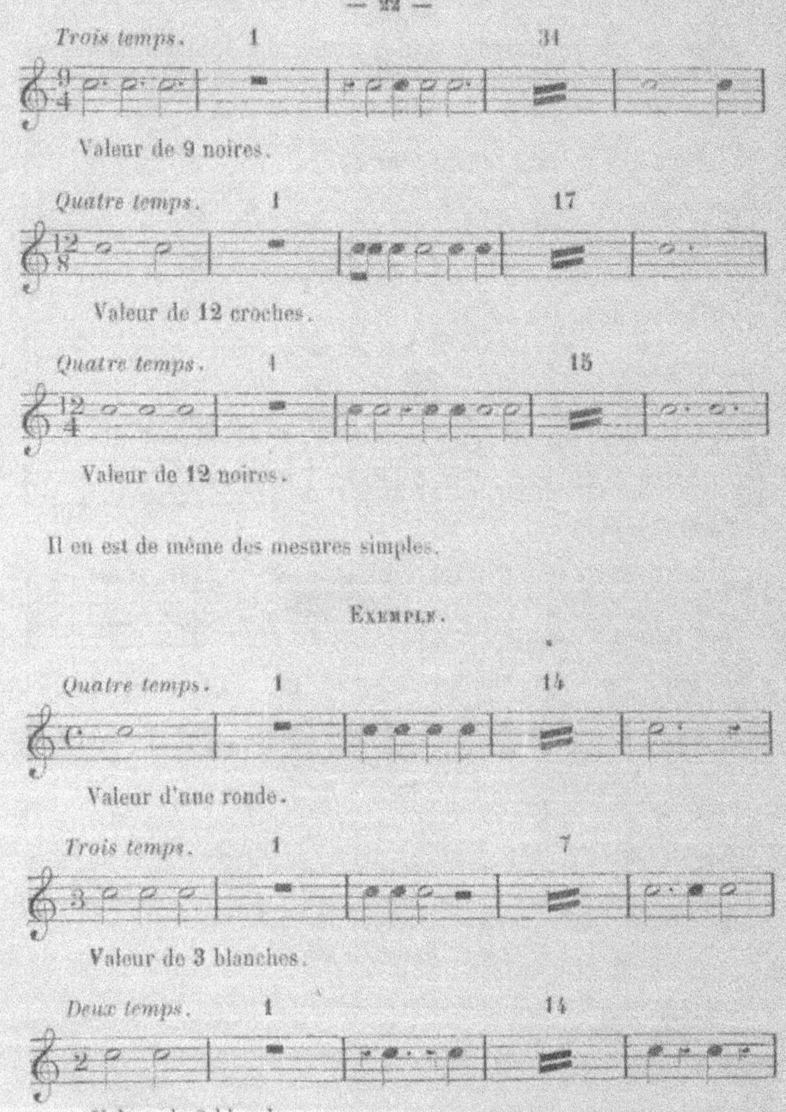
Trois temps.
1
31
Valeur de 9 noires.
Quatre temps.
1
17
Valeur de 12 croches.
Quatre temps.
1
15
Valeur de 12 noires.
Il en est de même des mesures simples.
Exemple.
Quatre temps.
1
14
Valeur d'une ronde.
Trois temps.
1
7
Valeur de 3 blanches.
Deux temps.
1
14
Valeur de 2 blanches.

APERÇU SUR LES MESURES SIMPLES

avec des silences, silences pointés et doubles pointés.

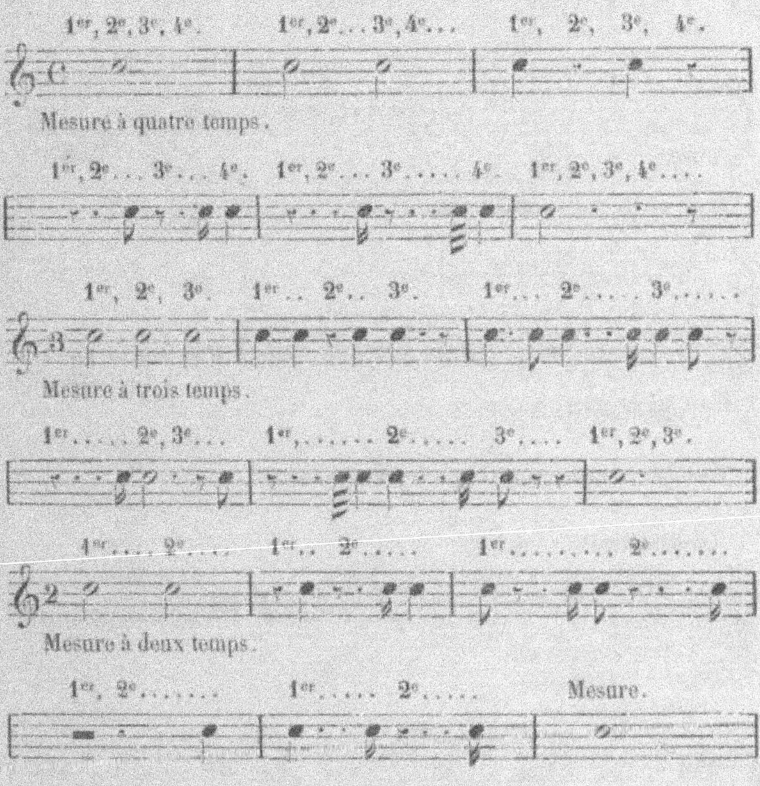

MESURES COMPOSÉES

avec silences pointés et doubles pointés.

12 fois le quart de la ronde.

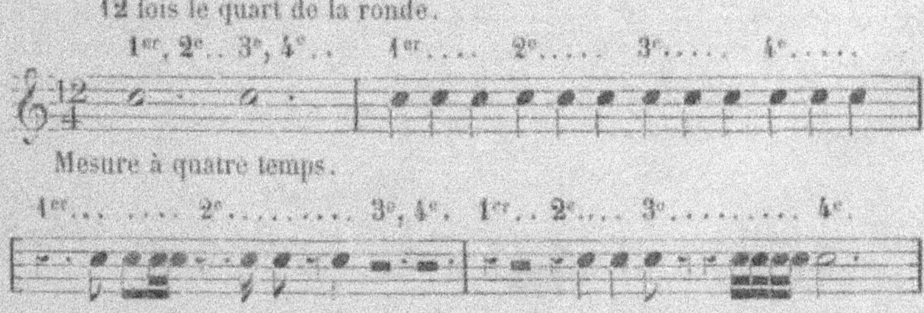

Il en est de même pour la mesure à *douze-huit.*

3 fois le quart de la ronde.

1er, 2e, 3e. 1er, 2e, 3e. 1er, 2e... 3e.....

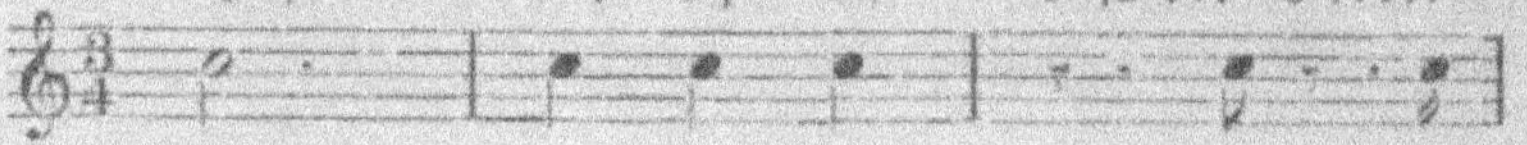

Mesure à trois temps.

1er... 2e.... 3e......... 1er... 2e......... 3e....

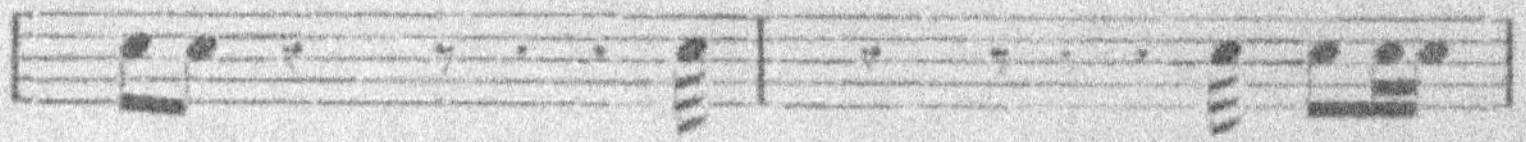

Il en est de même pour la mesure à *trois-huit.*

9 fois le quart de la ronde.

1er, 2e, 3e. 1er, 2e, 3e. 1er.. 2e.. 3e.... 1er... 2e.... 3e........

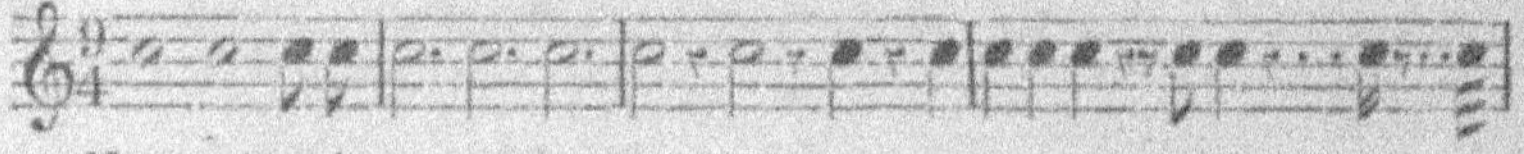

Mesure à trois temps.

Il en est de même pour la mesure à *neuf-huit.*

6 fois le quart de la ronde.

1er, 2e. 1er...... 2e...... 1er.... 2e.....

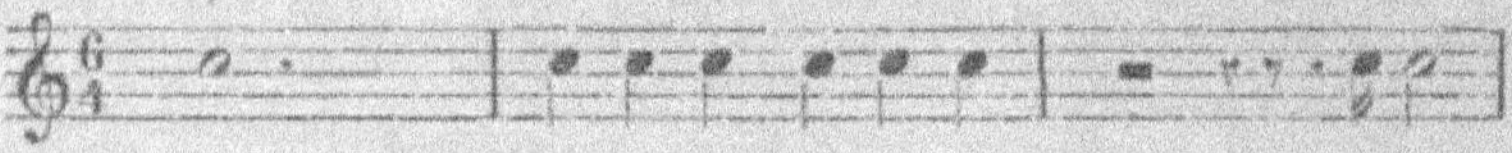

Mesure à deux temps.

1er.... 2e..... 1er..... 2e....... 1er... 2e... ....

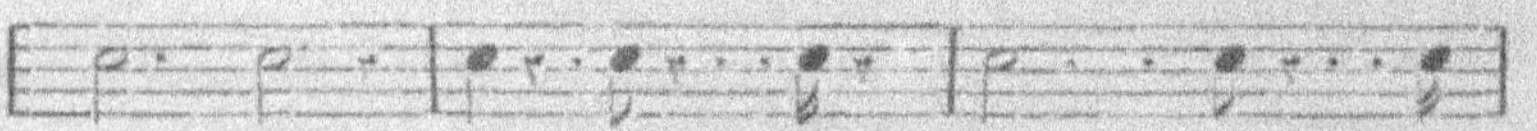

Il en est de même pour la mesure à *six-huit.*

2 fois le quart de la ronde.

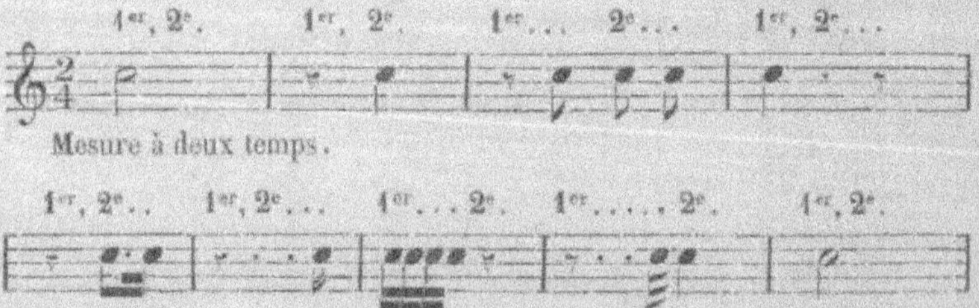

Il en est de même pour la mesure à *deux-huit.*

Afin de s'habituer à reconnaître et à juger rapidement la valeur et la nature des différentes mesures, l'élève devra s'exercer à les décomposer, ainsi que les chiffres qui les accompagnent.

CHAPITRE X

De la décomposition des mesures.

Pour arriver à une régularité parfaite dans l'exécution d'un morceau, et afin que les différentes subdivisions de la mesure ou temps soient nettement indiquées aux exécutants, chanteurs ou instrumentistes, on marque les temps au moyen d'un signe de la main droite ou du pied droit ; c'est ce qu'on appelle *battre la mesure*.

Les temps sont de deux natures : *temps forts* et *temps faibles*.

Les temps forts sont ceux qui, dans une mesure, sont les plus accentués ; les temps faibles sont ceux qui ont la même durée que les temps forts, mais sur lesquels on appuie plus légèrement.

Dans la mesure à quatre temps, comme dans la mesure à trois temps, les temps forts sont le premier et le troisième.

Dans la mesure à deux temps le temps fort est le premier.

MANIÈRE DE BATTRE LA MESURE

Mesure à quatre temps.

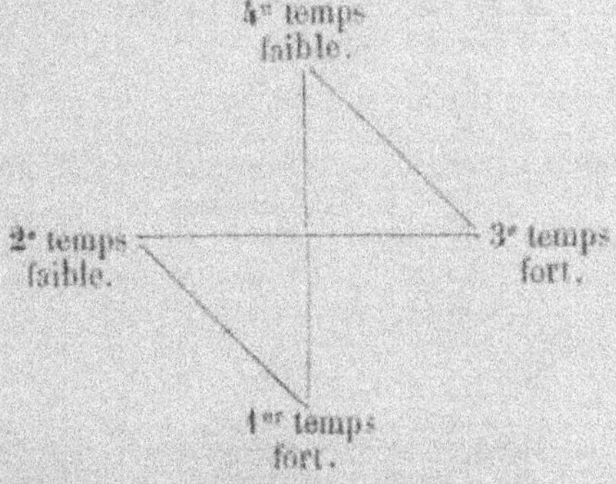

Mesure à trois temps. *Mesure à deux temps.*

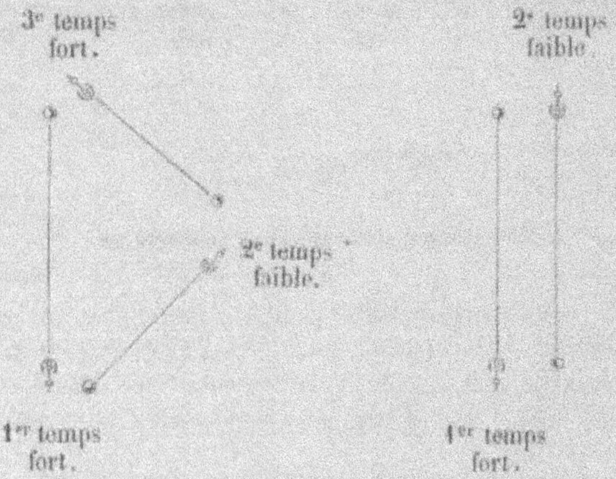

EXERCICES SUR LES MESURES SIMPLES ET COMPOSÉES

pour faire connaître les temps forts et les temps faibles.

Mesure à quatre temps (une ronde).

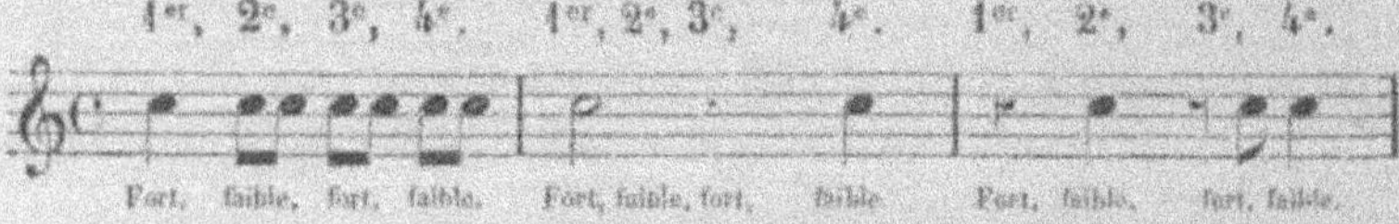

Mesure à quatre temps (12 noires).

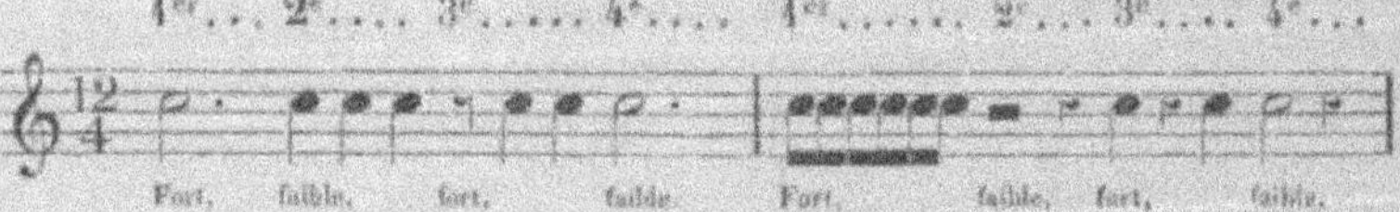

Mesure à quatre temps (12 croches).

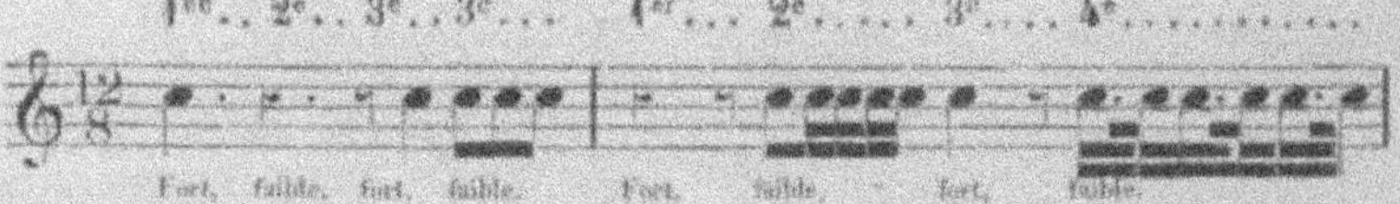

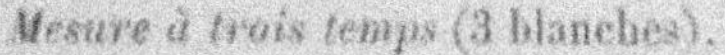

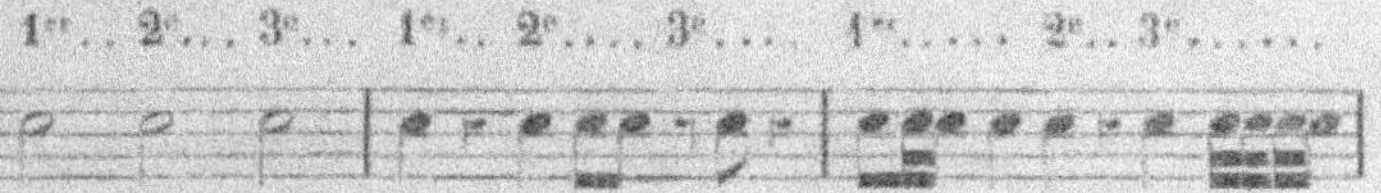

Mesure à trois temps (3 noires).

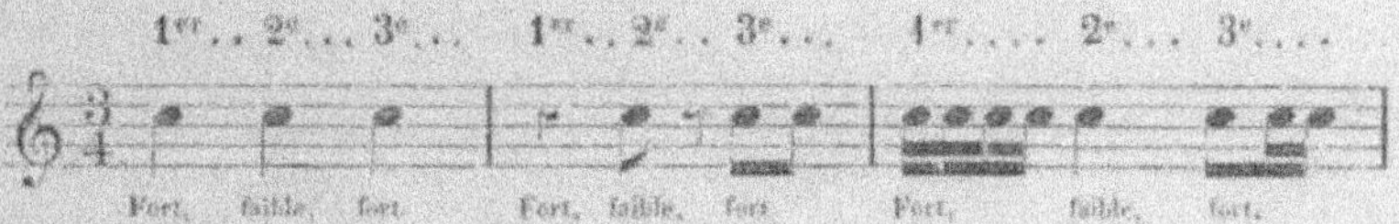

Mesure à trois temps (3 croches).

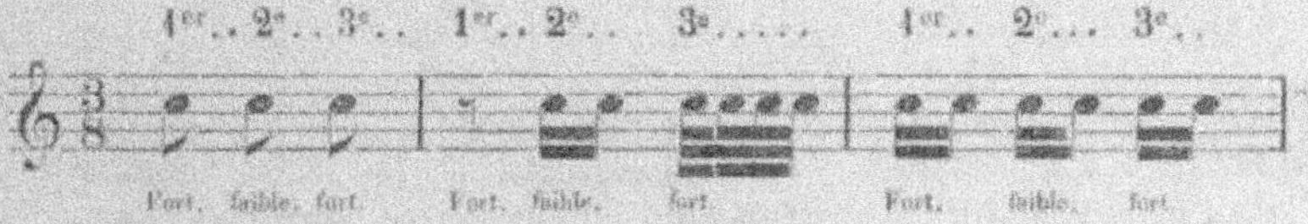

Mesure à trois temps (9 noires).

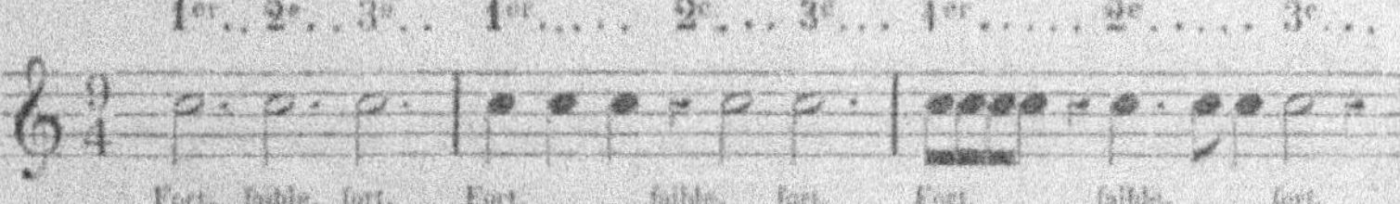

Mesure à trois temps (9 croches).

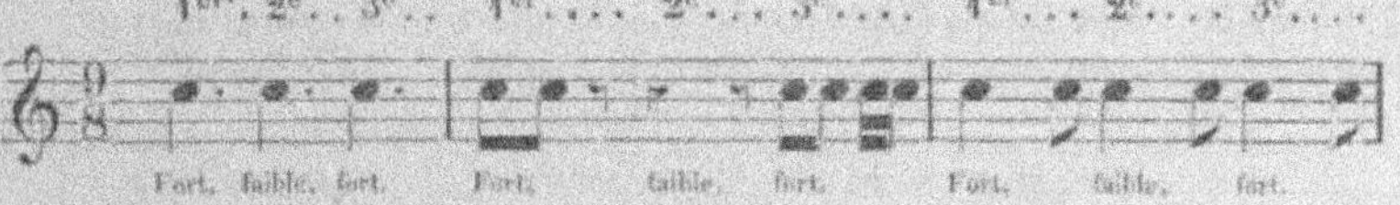

Mesure à deux temps (2 blanches).

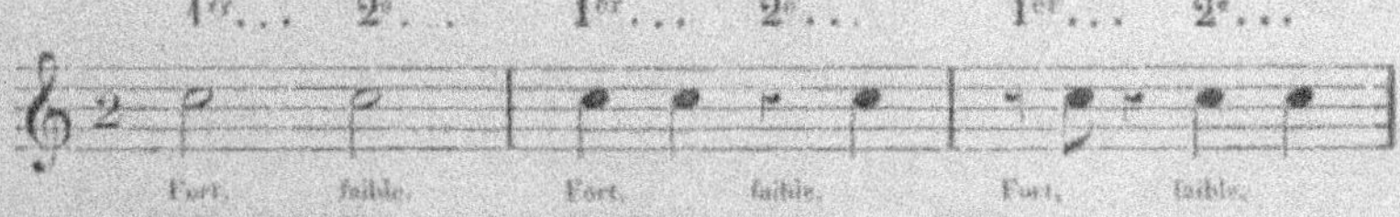

Mesure à deux temps (2 noires).

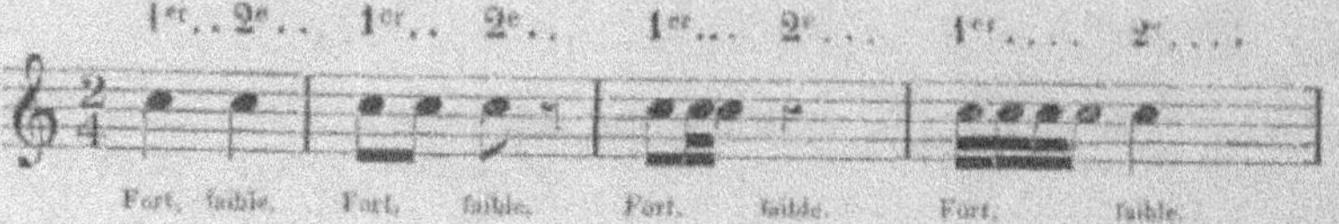

Mesure à deux temps (2 croches).

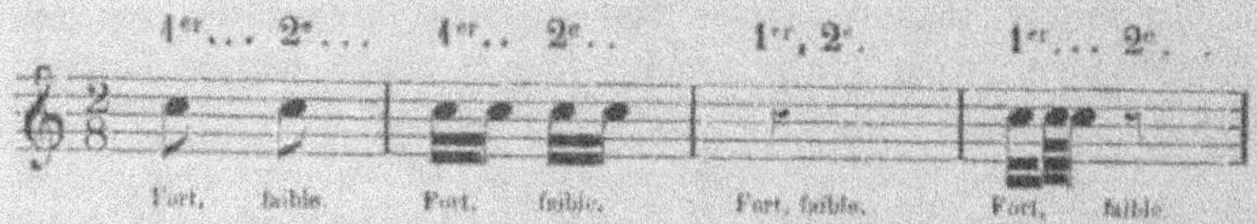

Mesure à deux temps (6 noires).

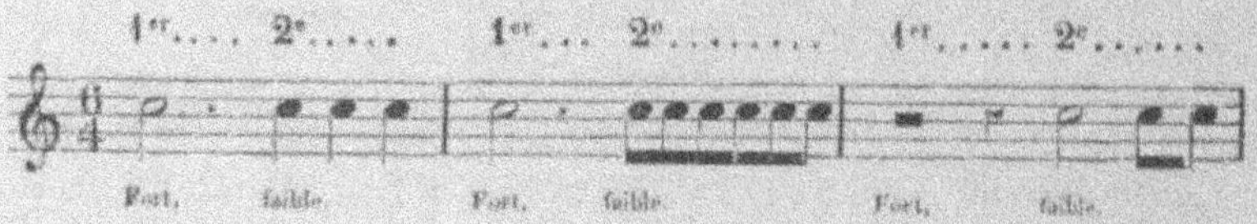

Mesure à deux temps (6 croches).

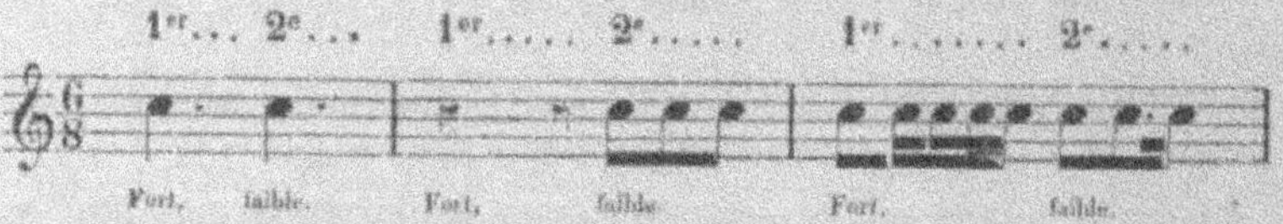

L'élève devra s'exercer d'abord à batre la mesure à quatre temps, qui est la mesure la plus usitée pour les premiers enseignements de la Musique.

CHAPITRE XI

Des tons et demi-tons.

Chacune des notes successives qui composent une *octave* a reçu une dénomination qui indique sa position dans la gamme formant l'*octave*, savoir :

La 1re note de la gamme prend le nom de *1er degré* ou *tonique* ; la 2e note, *2e degré* ou *seconde* ; la 3e note, *3e degré* ou *tierce* ; la 4e note, *4e degré* ou *quarte* ; la 5e note, *5e degré* ou *quinte* ; la 6e note, *6e degré* ou *sixte* ; la 7e note, *7e degré* ou *septième* ; la 8e note, *8e degré* ou *octave*.

EXEMPLE.

1er degré, 2e, 3e, 4e, 5e, 6e, 7e, 8e.

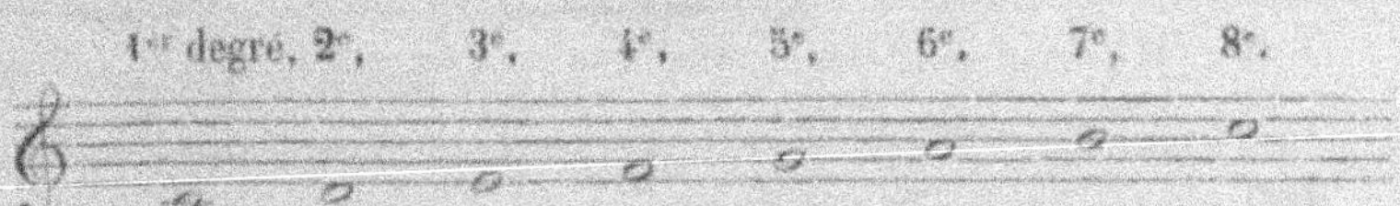

Tonique, seconde, tierce, quarte, quinte, sixte, septième, octave.

Ces diverses notes qui composent l'*octave* sont séparées entre elles par des intervalles inégaux que l'on appelle *tons* et *demi-tons*.

La gamme formée par la succession des notes indiquées plus haut et composant l'*octave*, a reçu le nom de *gamme diatonique* ou *gamme majeure*.

La gamme *diatonique* ou *majeure* se compose de *cinq tons* et *deux demi-tons*.

Le premier demi-ton est toujours placé de la 3e à la 4e *note*, c'est-à-dire du 3e au 4e *degré*. Le deuxième demi-ton est toujours placé de la 7e à la 8e *note*, c'est-à-dire du 7e au 8e *degré*.

EXEMPLE.

1er degré, 2e, 3e, 4e, 5e, 6e, 7e, 8e.

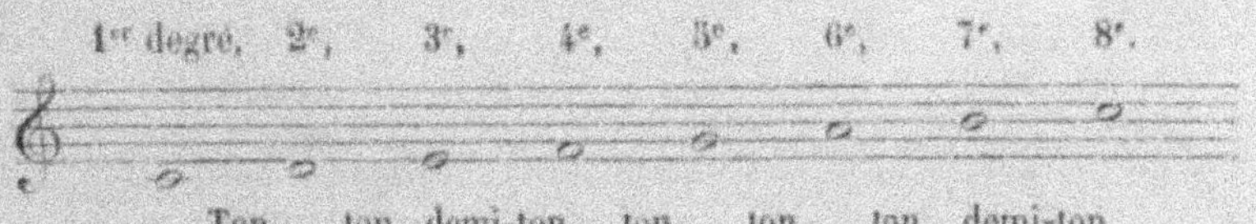

Ton, ton, demi-ton, ton, ton, ton, demi-ton.

Ainsi que le nom l'indique, la valeur des *tons* et des *demi-tons* n'est pas la même ; leur valeur relative est rendue sensible à l'œil au moyen de l'*échelle proportionnelle* suivante, qui indique matériellement que l'intonation du *demi-ton* n'est que la moitié de celle du *ton*.

Exemple.

ÉCHELLE PROPORTIONNELLE

ton	ton	demi-ton	ton	ton	ton	demi-ton

1er degré, 2e, 3e, 4e, 5e, 6e, 7e, 8e.

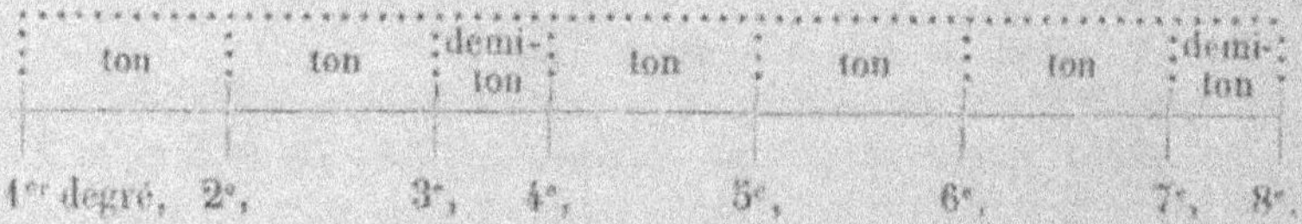

CHAPITRE XII

Des modifications accidentelles des notes.

Les sept notes qui composent la gamme ne suffisant point, par leur son propre, à rendre toutes les intonations de la voix humaine ou des instruments, on a dû, pour modifier le son de ces notes, avoir recours à des signes nouveaux qui, placés en avant de cette note, élèvent ou baissent le son qu'elle produit.

L'emploi de ces signes élève ou abaisse le son produit par la note d'une valeur intermédiaire entre celle de la note primitive et de celle qui la précède ou qui la suit.

Ces signes sont le *dièse* et le *bémol*.

Forme du dièse ♯. Forme du bémol ♭.

Le dièse ♯ hausse la note d'un demi-ton.

Le bémol ♭ baisse la note d'un demi-ton.

Exemple.

Note naturelle, note haussée. Note naturelle, note baissée.

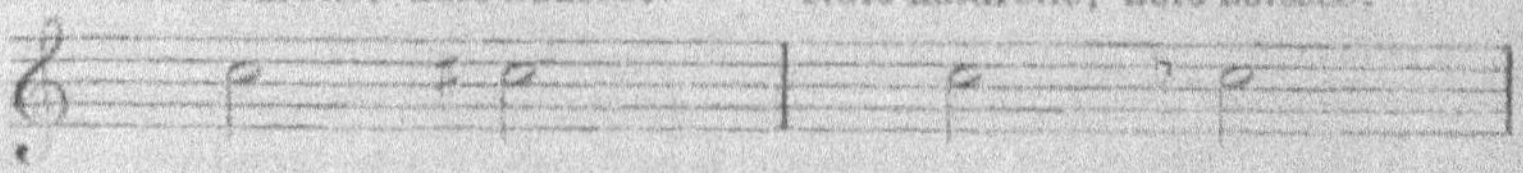

Dans le cours d'un morceau de Musique quelconque et devant une valeur quelconque, ces signes pouvant être placés devant une ou plusieurs notes sans modifier la valeur des autres notes, sont appelés

SIGNES ACCIDENTELS.

On appelle notes diésées et notes bémolisées celles qui sont précédées d'un dièse ou d'un bémol, et dont le son est modifié par l'emploi de ces signes.

EXEMPLE.

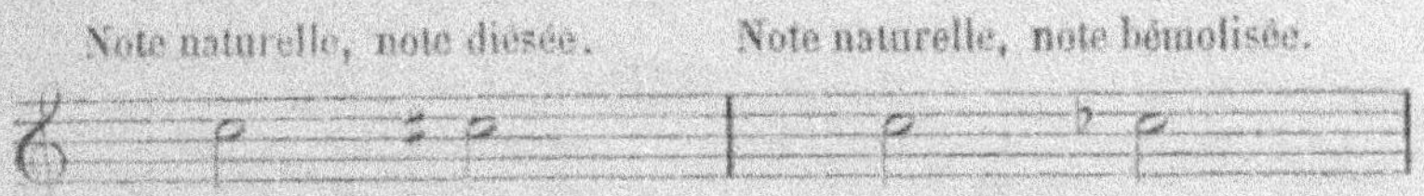

Leur effet de tonalité ne cesse que par la rencontre d'un nouveau signe appelé *bécarre* et dont l'effet est de rendre aux notes le son qu'elles possédaient avant d'être altérées par un dièse ou un bémol.

Forme du bécarre ♮.

EXEMPLE.

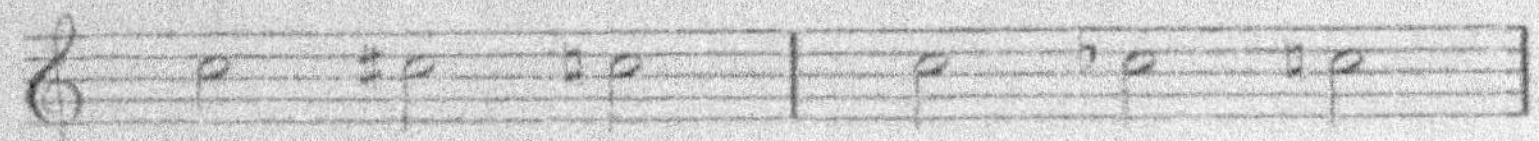

Raisonnement simple à retenir sur l'effet du dièse, du bémol et du bécarre.

Le dièse ♯ hausse la note d'un demi-ton.

Le bémol ♭ baisse la note d'un demi-ton.

Le bécarre ♮ remet la note dans son ton naturel lorsqu'elle a été diésée ou bémolisée.

Il existe aussi le double-dièse ♯♯ ou 𝄪 (par abréviation) et le double-bémol ♭♭, dont l'effet est double de celui du dièse ou du bémol simple. On les emploie plus rarement que les autres.

Observation.

Lorsqu'une note est diésée ou bémolisée au commencement d'une mesure quelconque, toutes les notes du même nom, dans cette mesure, subissent également la même altération, sans être obligé de mettre un nouveau et même signe ♯, ♭ ou ♮.

Exemple.

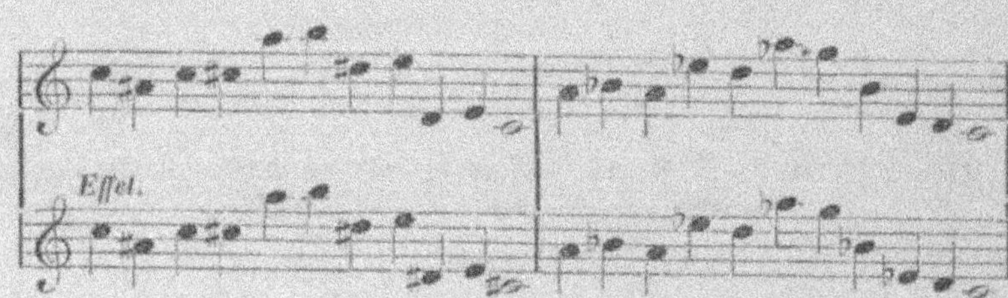

Exemple.

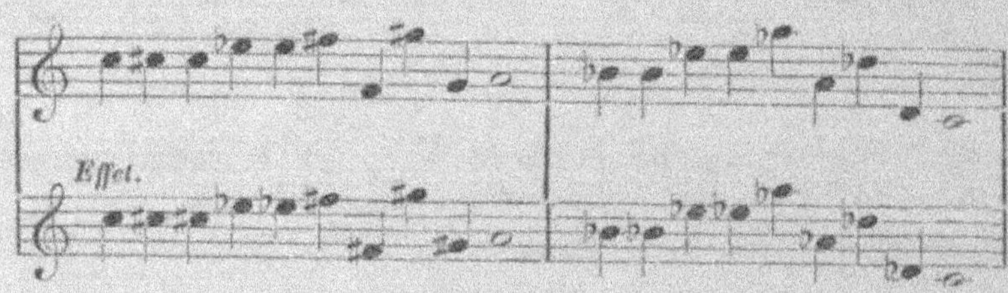

La rencontre d'une barre de mesure sur la portée peut seule rendre aux notes leur son primitif indiqué à la clef et produit le même effet que celui d'un bécarre ; leur son naturel ne peut être modifié que par le placement d'un nouveau dièse ou bémol en avant de ces notes.

Exemple.

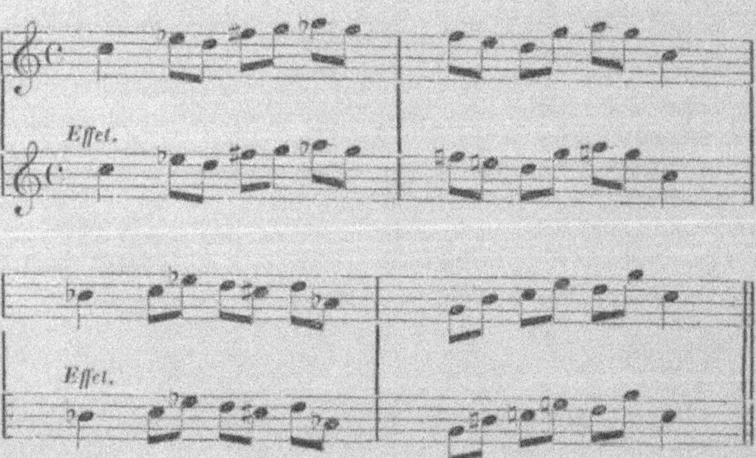

Exemple

Avec de nouvelles modifications.

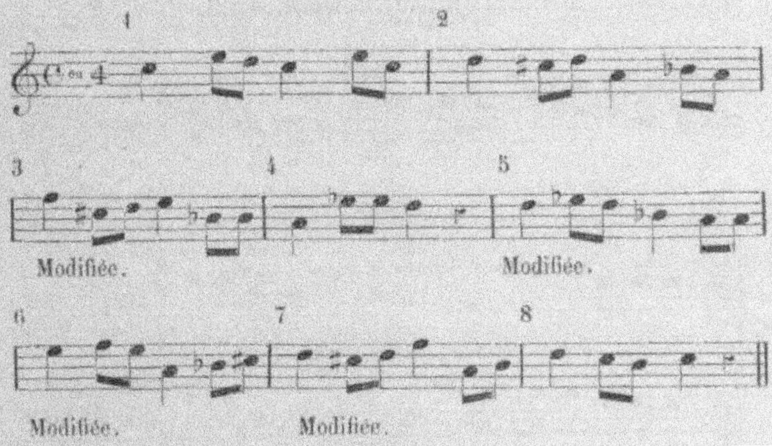

Observation.

Dant cet exemple, l'élève devra remarquer que les nouvelles modifications qui avaient été enlevées par la rencontre d'une barre de mesure, se trouvent dans les 3e, 5e, 6e et 7e mesures, c'est-à-dire que dans la 3e mesure le do ♯, les si ♭, dans la 5e mesure le mi ♭, le si ♭, dans la 6e mesure le si ♭, le do ♯, et dans la 7e mesure le do ♯, ont été modifiés par l'emploi de nouveaux signes.

CHAPITRE XIII

De la gamme chromatique.

La gamme formée de cinq tons et deux demi-tons constitue, ainsi que nous l'avons dit, la gamme diatonique ; la gamme formée par l'adjonction à ces tons et demi-tons des modifications produites par les dièses et les bémols, constitue ce que l'on appelle la *gamme chromatique*. Par le fait même de l'altération des sons résultant des dièses et des bémols, elle ne se trouve formée que d'une succession de demi-tons ascendants ou descendants.

Gamme chromatique ascendante.

Gamme chromatique descendante.

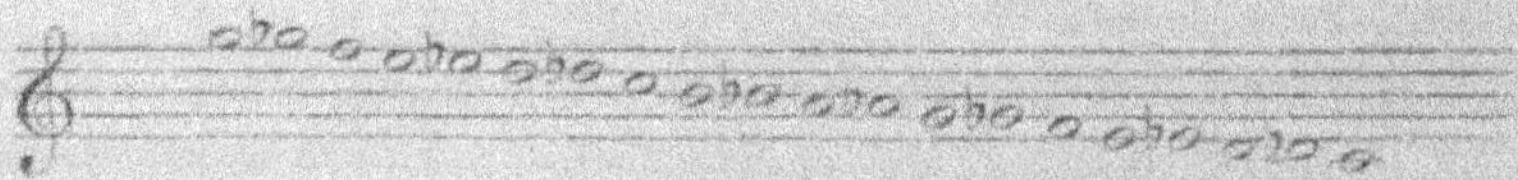

CHAPITRE XIV

Des tonalités.

Nous avons jusqu'à présent considéré la Musique sans altération générale au moyen des dièses ou des bémols placés au commencement d'un morceau, nous n'avons étudié les dièses et les bémols que comme signes accidentels ; mais un morceau de Musique ne pouvant s'exécuter toujours sur un seul et même son, ce qui rendrait impossible les effets que l'on recherche, nous ferons savoir à l'élève que l'on parvient à ces effets au moyen de tonalités différentes, par les dièses et les bémols, qui ne sont plus considérés comme signes accidentels.

Chacune des notes qui composent une *octave chromatique* peut, à la volonté du compositeur, servir de note de base ou tonique à une gamme dans laquelle, n'importe la quantité de dièses ou de bémols, par leur place respective, la disposition des tons et des demi-tons est toujours la même que dans la gamme diatonique, dont nous avons parlé déjà.

Elle se compose toujours de cinq tons et deux demi-tons, quelle que soit la note tonique : les demi-tons sont toujours placés du 3e au 4e degré et du 7e au 8e.

Exemple.

Gamme sans altération dite en do majeur.

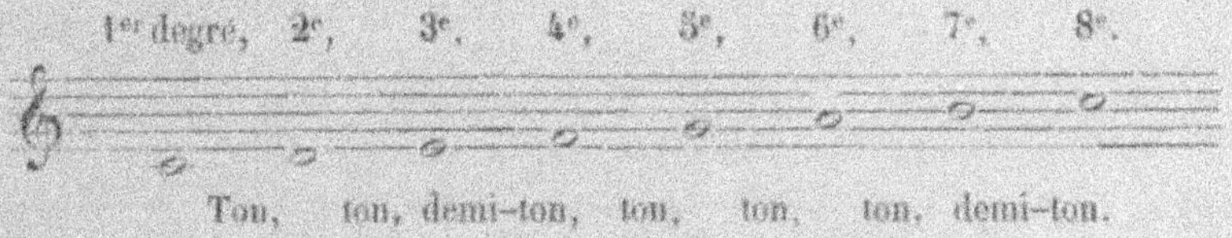

Observation.

Lorsqu'il n'y a ni dièse ni bémol à la clé, ou soit au commencement d'un morceau, on est en *do majeur*.

Les effets de tonalité sont obtenus au moyen des dièses ou des bémols.

Pour ne pas encombrer les lignes ou interlignes de la portée musicale, lorsque l'on veut indiquer le ton d'un morceau, on a pris l'habitude de placer les signes *dièses* ou *bémols* immédiatement après la clé.

L'altération produite par ces signes s'applique à toutes les notes du morceau de Musique entier qui correspondent à ces signes. Dans ce cas, quel que soit le nombre de mesures composant le morceau de Musique, la rencontre d'une barre de mesure sur la portée musicale ne modifie en rien l'*altération générale* produite par les dièses et les bémols placés à la clé.

Exemple

Avec un dièse à la clé placé sur le fa.

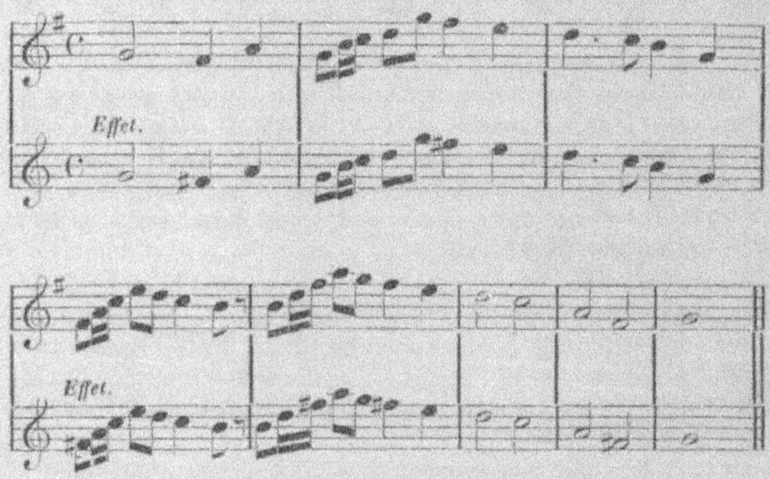

Exemple

Avec un bémol à la clé placé sur le si.

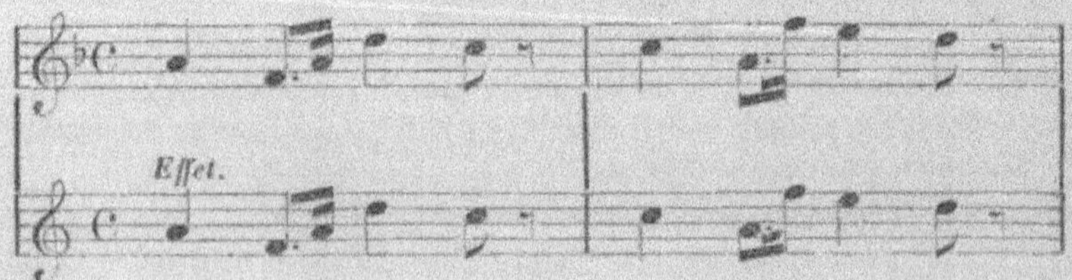

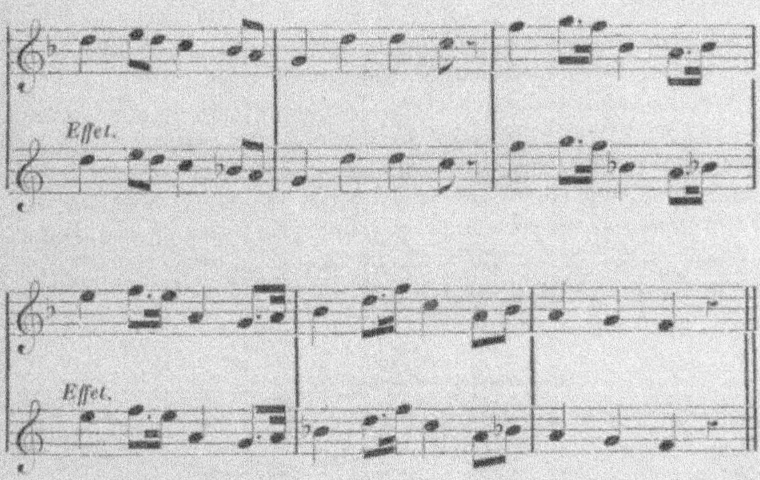

C'est-à-dire que dans le premier exemple ci-dessus, avec *un dièse à la clé*, placé sur le *fa*, toutes les notes dans le courant du morceau entier, et dont la dénomination dans les *lignes* de la *portée musicale*, comme des *lignes additionnelles*, portent le *même nom* de la *note diésée* à la *clé*, subissent l'altération produite par ce signe ♯ appelé dièse ; tous les *fa* sont *diésés* ou haussés d'un demi-ton.

Dans le deuxième exemple ci-dessus, avec *un bémol à la clé*, placé sur le *si*, toutes les notes dans le courant du morceau entier et dont la dénomination dans les *lignes* de la *portée musicale*, comme dans les *lignes additionnelles*, portent le *même nom* de la *note bémolisée* à la *clé*, subissent l'altération produite par ce signe ♭ appelé bémol ; tous les *si* sont *bémolisés* ou baissés d'un demi-ton.

On peut placer au commencement d'un morceau de Musique un ou plusieurs dièses, un ou plusieurs bémols à la clé.

Les notes adoptées pour la représentation des sons en Musique étant au nombre de sept, chacune d'elles peut être altérée par un *dièse* ou par un *bémol*, et peut devenir *tonique* d'une gamme ou signe *caractéristique* de *tonalité*, sans que l'on soit obligé de répéter les signes dièse ou bémol, à moins que leur effet n'ait été modifié par un *bécarre accidentel*.

Dans ce dernier cas, et *dans la même mesure* (puisque la rencontre d'une barre de mesure ne modifie en rien l'altération générale produite par les dièses ou bémols placés à la clé, chap. XIV), si le compositeur veut reprendre le caractère de tonalité indiquée à la clé, il est obligé d'altérer toutes les notes qui auraient été suspendues par le bécarre accidentel.

EXEMPLE.

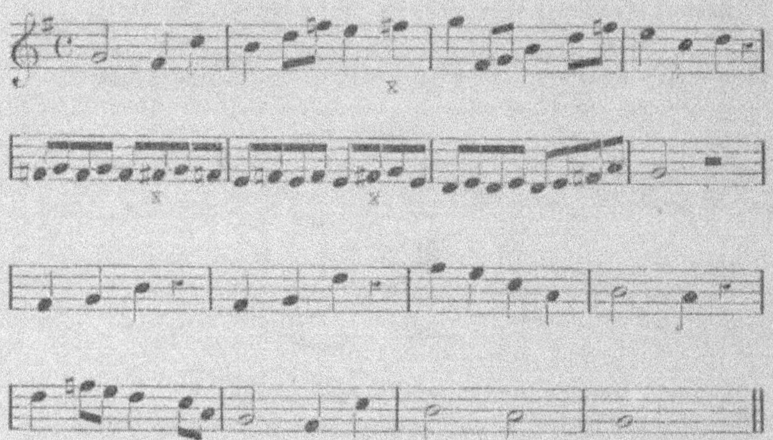

Les petites x croix indiquent les notes *réaltérées* pour détruire l'effet du bécarre et reprendre la tonalité primitive.

CHAPITRE XV

Des tonalités ou modes.

Les tonalités en usage en Musique sont de deux natures : la *tonalité* ou *mode majeur*, la *tonalité* ou *mode mineur*.

Il existe quinze tonalités majeures et quinze tonalités mineures. La tonalité majeure étant la seule qui puisse s'indiquer nettement dès le début d'un morceau, puisque c'est toujours d'elle que dérive la tonalité mineure, nous ne parlerons tout d'abord que de ce genre de tonalité.

CHAPITRE XVI

Du placement des dièses et bémols à la clé.

Pour le placement des dièses ou des bémols au commencement d'un morceau, il existe des règles établies et desquelles on ne peut pas dévier, ainsi que nous allons l'exposer.

Le premier dièse se place toujours sur le *fa* et les autres se placent de quinte en quinte, en montant, savoir :

Fa sol la si Do ré mi fa Sol la si do Ré mi fa sol La si do ré Mi fa sol la Si

1er	2^e^	3^e^	4^e^	5^e^	6^e^	7^e^
Fa	Do	Sol	Ré	La	Mi	Si

PLACE RESPECTIVE DES DIÈSES
sur la portée musicale.

1er 2e 3e 4e 5e 6e 7^e^

Fa Do Sol Ré La Mi Si

Le premier bémol se place sur le *si* et les autres se placent de quinte en quinte, en descendant, savoir :

Si la sol fa Mi ré do si La sol fa mi Ré do si la Sol fa mi ré Do si la sol Fa

1er	2^e^	3^e^	4^e^	5^e^	6^e^	7^e^
Si	Mi	La	Ré	Sol	Do	Fa

PLACE RESPECTIVE DES BÉMOLS
sur la portée musicale.

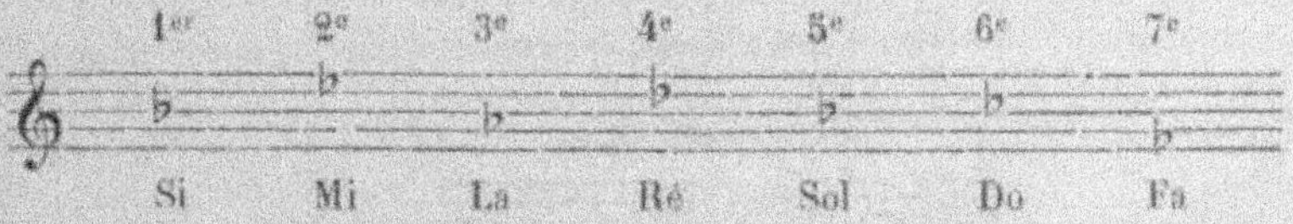

CHAPITRE XVII

Des tonalités avec des dièses à la clé.

Dans un morceau avec un ou plusieurs dièses à la clé, on peut facilement et à première vue connaître dans quel ton il est écrit ; il suffit, pour cela, de prendre comme septième de la gamme la note correspondant au dernier dièse placé à la clé et de monter d'un degré au-dessus de ce dernier dièse pour connaître la tonalité majeure du morceau.

EXEMPLE.

Avec un dièse à la clé.

Tonique majeure.

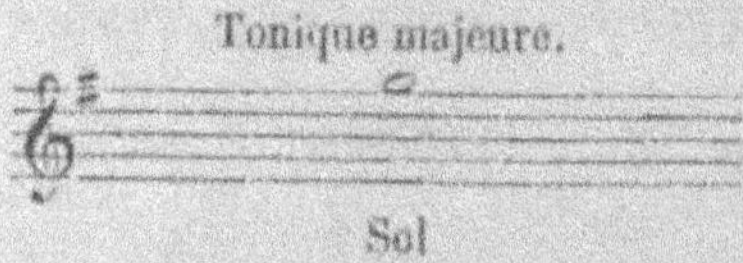

Sol

Avec un seul dièse à la clé, le premier et dernier se trouvant placé sur le *fa*, il faut monter d'un degré ; après *fa* vient *sol*, on est en *sol majeur*, et le *sol* devient tonique ou premier degré de la gamme.

EXEMPLE.

Gamme en sol majeur.

1er degré, 2e, 3e, 4e, 5e, 6e, 7e, 8e.

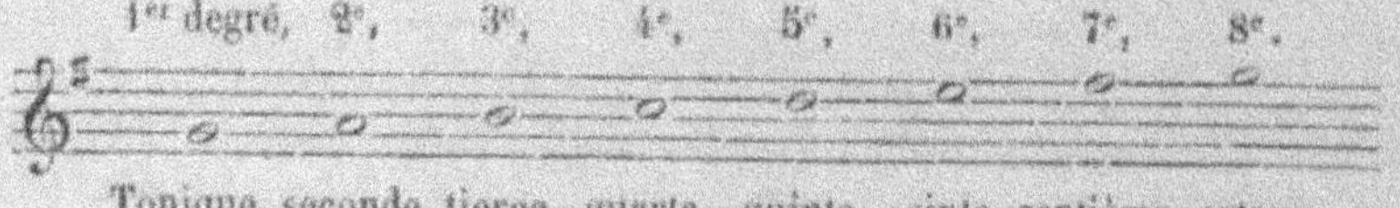

Tonique, seconde, tierce, quarte, quinte, sixte, septième, octave.

Avec deux dièses à la clé.

Tonique majeure.

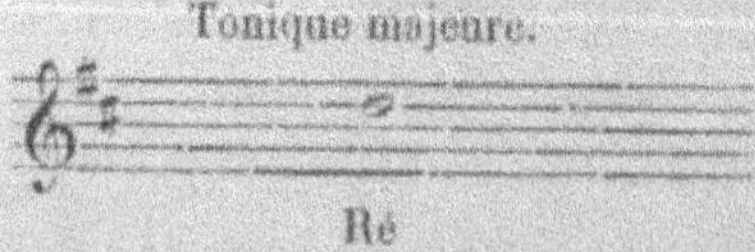

Ré

Le second et dernier dièse étant placé sur le *do*, après *do* vient *ré* : on est en *ré majeur* et le *ré* devient tonique ou premier degré de la gamme.

EXEMPLE.

Gamme en ré majeur.

Tonique, seconde, tierce, quarte, quinte, sixte, septième, octave.

1er degré, 2e, 3e, 4e, 5e, 6e, 7e, 8e.

Avec trois dièses à la clé.

Tonique majeure.

La

Le troisième et dernier dièse étant placé sur le *sol*, après *sol* vient *la* : on est en *la majeur* et le *la* devient tonique ou premier degré de la gamme.

EXEMPLE.

Gamme en la majeur.

Tonique, seconde, tierce, quarte, quinte, sixte, septième, octave.

1er degré, 2e, 3e, 4e, 5e, 6e, 7e, 8e.

Avec quatre dièses à la clé.

Tonique majeure.

Mi

Le quatrième et dernier dièse étant placé sur le *ré*, après *ré* vient *mi* : on est en *mi majeur* et le *mi* devient tonique ou premier degré de la gamme.

EXEMPLE.

Gamme en mi majeur.

Tonique, seconde, tierce, quarte, quinte, sixte, septième, octave.

1er degré, 2e, 3e, 4e, 5e, 6e, 7e, 8e.

Avec cinq dièses à la clé.

Tonique majeure.

Si

Le cinquième et dernier dièse étant placé sur le *la*, après *la* vient *si* : on est en *si majeur* et le *si* devient tonique ou premier degré de la gamme.

EXEMPLE.

Gamme en si majeur.

Tonique, seconde, tierce, quarte, quinte, sixte, septième, octave.

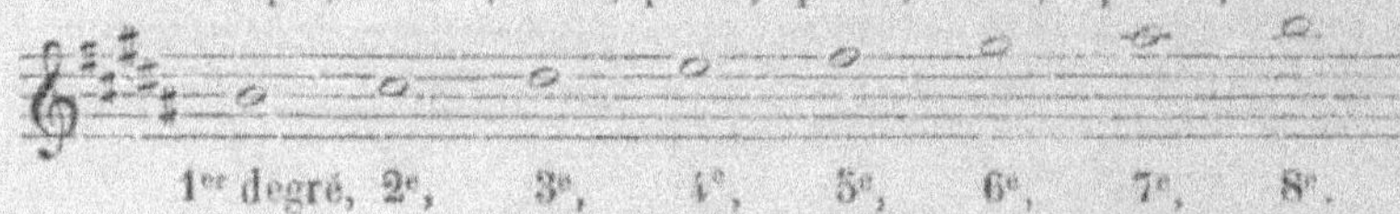

1er degré, 2e, 3e, 4e, 5e, 6e, 7e, 8e.

Avec six dièses à la clé.

Tonique majeure.

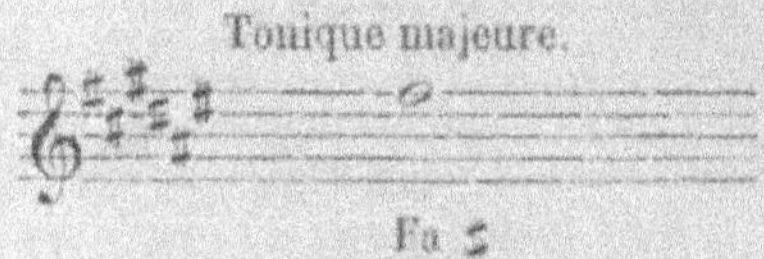

Fa ♯

Le sixième et dernier dièse étant placé sur le *mi*, après *mi* vient *fa* ♯ : on est en *fa* ♯ *majeur* et le *fa* devient tonique ou premier degré de la gamme.

EXEMPLE.

Gamme en fa ♯ majeur.

Tonique, seconde, tierce, quarte, quinte, sixte, septième, octave.

1er degré, 2e, 3e, 4e, 5e, 6e, 7e, 8e.

Lorsque la note de la tonique est diésée, la gamme prend le nom de la tonique : avec six dièses on est en *fa* ♯ *majeur*.

Avec sept dièses à la clé.

Tonique majeure.

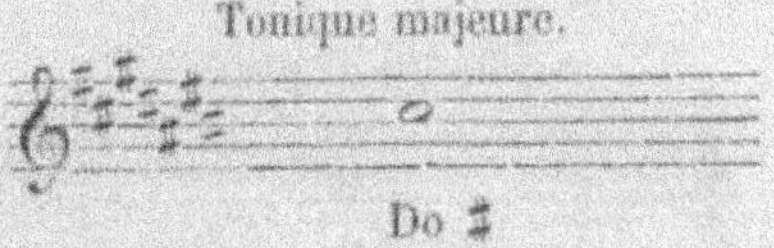

Do ♯

Le septième et dernier dièse étant placé sur le *si* ♯, après *si* ♯ vient *do* ♯ : on est en *do* ♯ *majeur* et le *do* devient tonique ou premier degré de la gamme.

Exemple.

Gamme en do ♯ *majeur.*

Tonique, seconde, tierce, quarte, quinte, sixte, septième, octave.

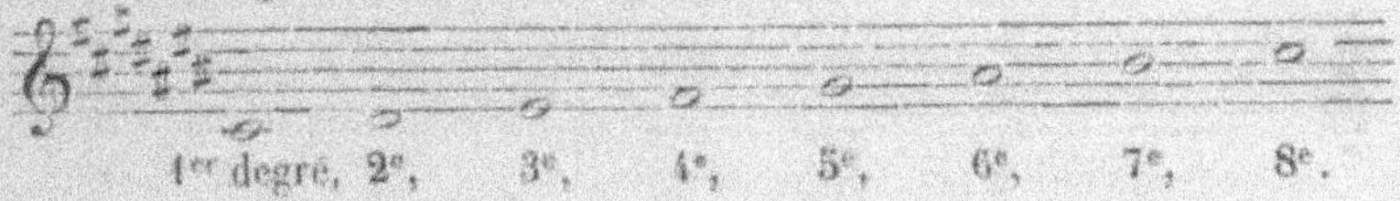

1er degré, 2e, 3e, 4e, 5e, 6e, 7e, 8e.

Nous avons déjà dit à la page précédente que lorsque la note de la tonique est diésée la gamme prend le nom de la tonique ; ainsi, avec sept dièses on est en *do* ♯ *majeur*.

CHAPITRE XVIII

Des tonalités avec des bémols à la clé.

Dans un morceau avec plusieurs bémols à la clé, c'est la note correspondant à l'avant-dernier bémol placé à la clé qui est la tonique majeure du morceau.

Avec un seul bémol on est en fa et le *fa* devient tonique ou premier degré de la gamme.

Avec un bémol à la clé.

Tonique majeure.

Fa

Avec un seul bémol n'ayant pas d'avant-dernier, l'élève devra se rappeler que l'on est en *fa majeur* et le *fa* devient tonique ou premier degré de la gamme.

EXEMPLE.

Gamme en fa majeur.

Tonique, seconde, tierce, quarte, quinte, sixte, septième, octave.

1er degré, 2e, 3e, 4e, 5e, 6e, 7e, 8e.

Avec deux bémols à la clé.

Tonique majeure.

Si ♭

Le premier et avant-dernier bémol étant placé sur le *si*, on est en *si* ♭ *majeur* et le *si* ♭ devient tonique ou premier degré de la gamme.

Lorsque la note de la tonique est bémolisée, la gamme prend le nom de la tonique : avec deux bémols on est en *si* ♭, avec trois en *mi* ♭, avec quatre en *la* ♭, avec cinq en *ré* ♭, avec six en *sol* ♭, et avec sept en *do* ♭.

EXEMPLE.

Gamme en si ♭ majeur.

Tonique, seconde, tierce, quarte, quinte, sixte, septième, octave.

1er degré, 2e, 3e, 4e, 5e, 6e, 7e, 8e.

Avec trois bémols à la clé.

Tonique majeure.

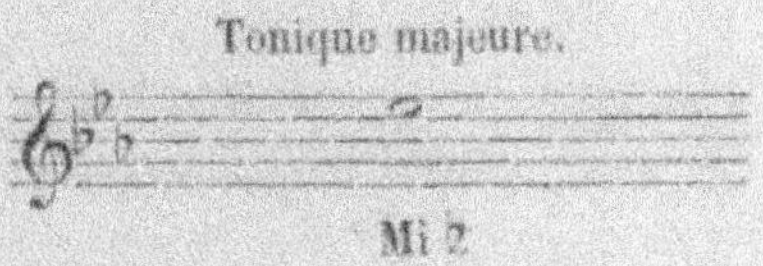

Mi ♭

Le deuxième et avant-dernier bémol étant placé sur le *mi*, on est en *mi* ♭ *majeur* et le *mi* devient tonique ou premier degré de la gamme.

Exemple.

Gamme en mi ♭ *majeur.*

Tonique, seconde, tierce, quarte, quinte, sixte, septième, octave.

1er degré, 2e, 3e, 4e, 5e, 6e, 7e, 8e.

Avec quatre bémols à la clé.

Tonique majeure.

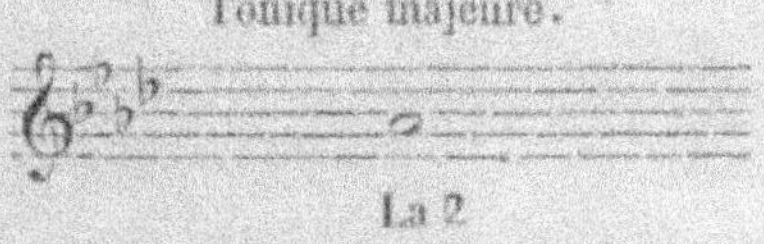

La ♭

Le troisième et avant-dernier bémol étant placé sur le *la*, on est en *la* ♭ *majeur* et le *la* devient tonique ou premier degré de la gamme.

Exemple.

Gamme en la ♭ *majeur.*

Tonique, seconde, tierce, quarte, quinte, sixte, septième, octave.

1er degré, 2e, 3e, 4e, 5e, 6e, 7e, 8e.

Avec cinq bémols à la clé.

Tonique majeure.

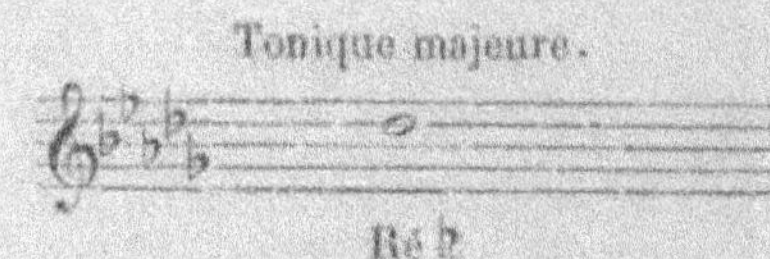

Ré ♭

Le quatrième et avant-dernier bémol étant placé sur le *ré*, on est en *ré* ♭ *majeur* et le *ré* devient tonique ou premier degré de la gamme.

EXEMPLE.

Gamme en ré ♭ majeur.

Tonique, seconde, tierce, quarte, quinte, sixte, septième, octave.

1er degré, 2e, 3e, 4e, 5e, 6e, 7e, 8e.

Avec six bémols à la clé.

Tonique majeure.

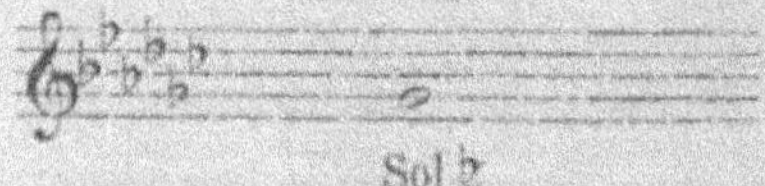

Sol ♭

Le cinquième et avant-dernier bémol étant placé sur le *sol*, on est en *sol* ♭ *majeur* et le *sol* devient tonique ou premier degré de la gamme.

EXEMPLE.

Gamme en sol ♭ majeur.

Tonique, seconde, tierce, quarte, quinte, sixte, septième, octave.

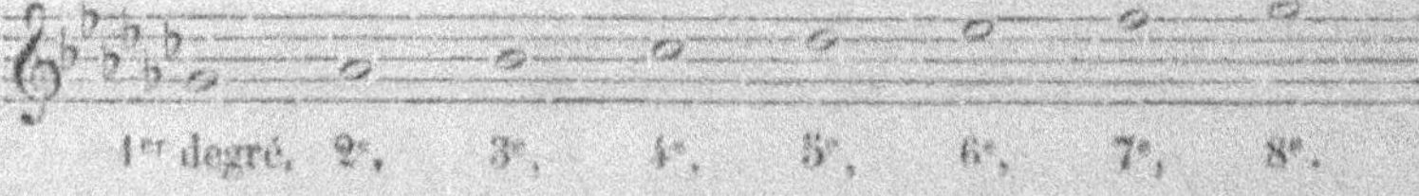

1er degré, 2e, 3e, 4e, 5e, 6e, 7e, 8e.

Avec sept bémols à la clé.

Tonique majeure.

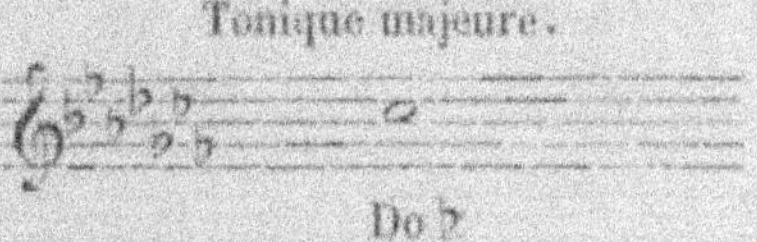

Le sixième et avant-dernier bémol étant placé sur le *do*, on est en *do ♭ majeur* et le *do* devient tonique ou premier degré de la gamme.

EXEMPLE.

Gamme en do ♭ majeur.

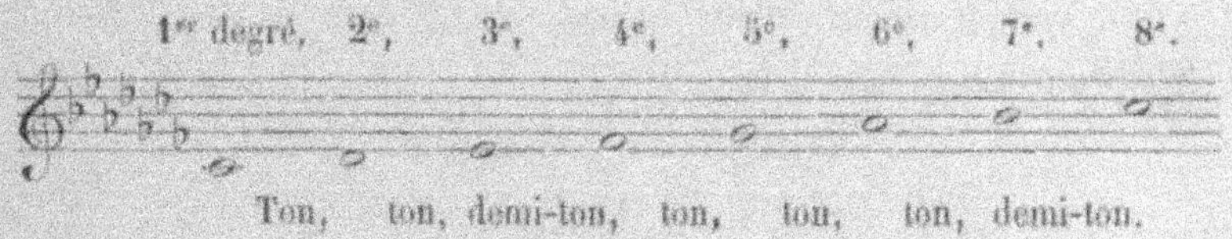

CHAPITRE XIX

Des tonalités mineures.

De même que pour les tonalités majeures, il existe pour les tonalités mineures, qui en sont les dérivés, des règles générales qui permettent de les reconnaître à première vue.

La tonalité mineure est toujours indiquée par le nom de la note qui se trouve deux degrés au-dessous de la tonique majeure ; ces deux degrés se composent d'un ton et d'un demi-ton.

Les tonalités mineures sont relatives des tonalités majeures.

TONALITÉS MINEURES AVEC LES DIÈSES

Lorsqu'il n'y a ni dièse ni bémol à la clé, on est en *do majeur* ou en *la mineur*.

EXEMPLE.

En *do majeur* ou en *la mineur*, relatif de *do majeur*.

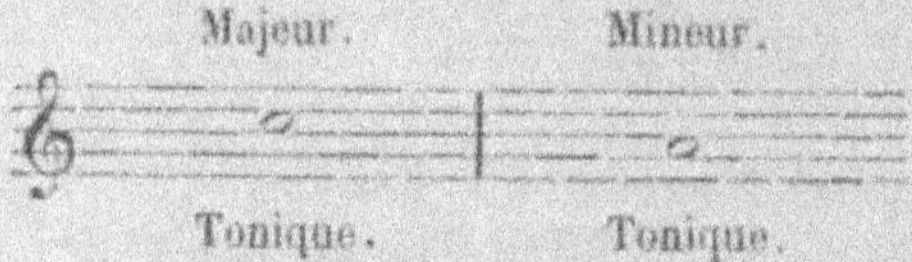

Avec un dièse à la clé, on est en *sol majeur* ou en *mi mineur*.

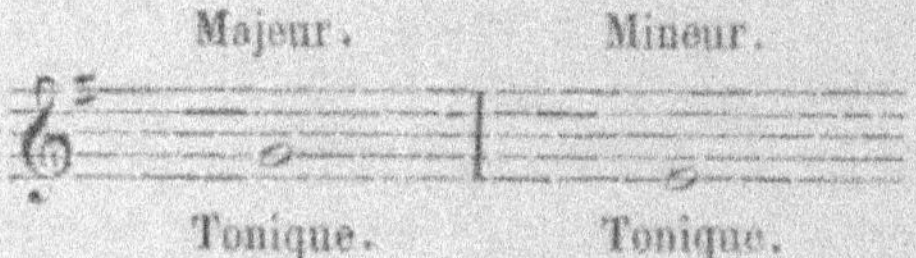

Avec deux dièses, *ré majeur* ou *si mineur*.

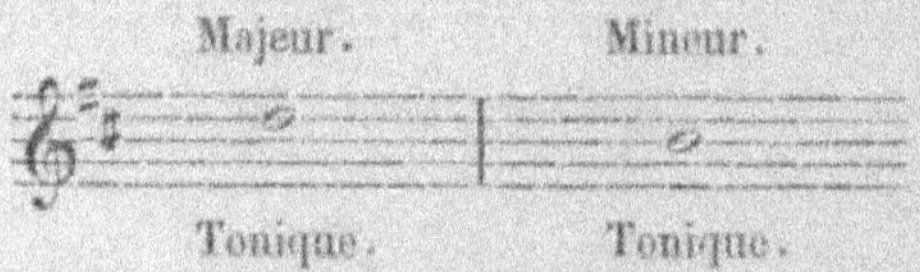

Avec trois dièses, *la majeur* ou *fa ♯ mineur*.

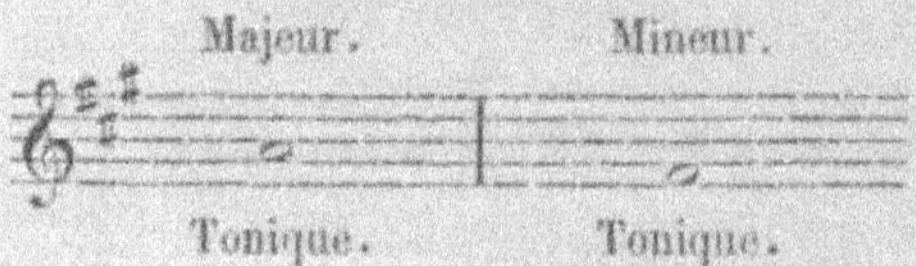

Avec quatre dièses, *mi majeur* ou *do ♯ mineur*.

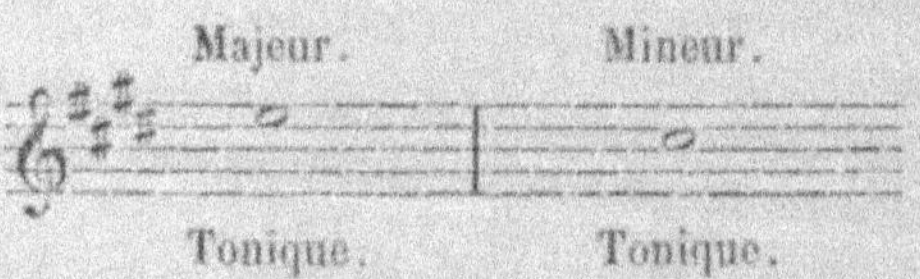

Avec cinq dièses, *si majeur* ou *sol ♯ mineur*.

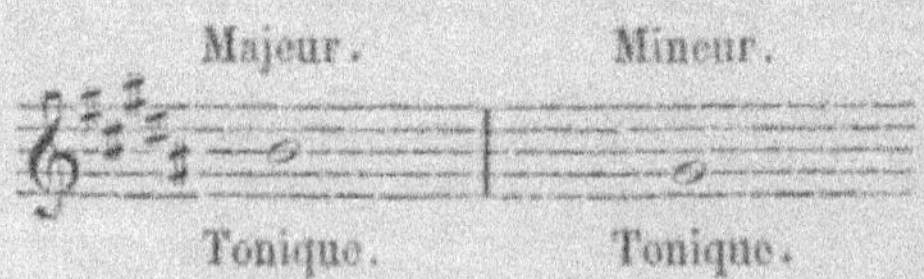

Avec six dièses, *fa ♯ majeur* ou *ré ♯ mineur*.

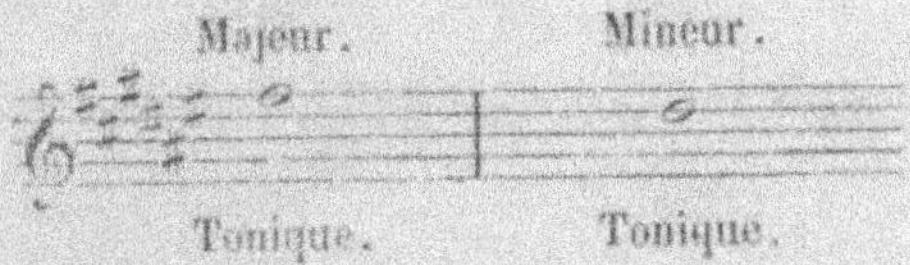

Avec sept dièses, *do ♯ majeur* ou *la ♯ mineur*.

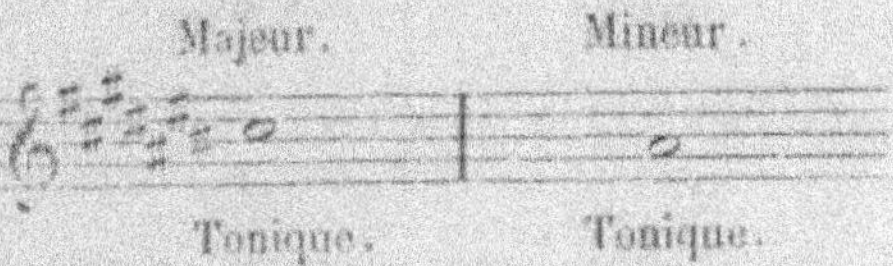

TONALITÉS MINEURES AVEC LES BÉMOLS

Avec un bémol à la clé, on est en *fa majeur* ou en *ré mineur*.

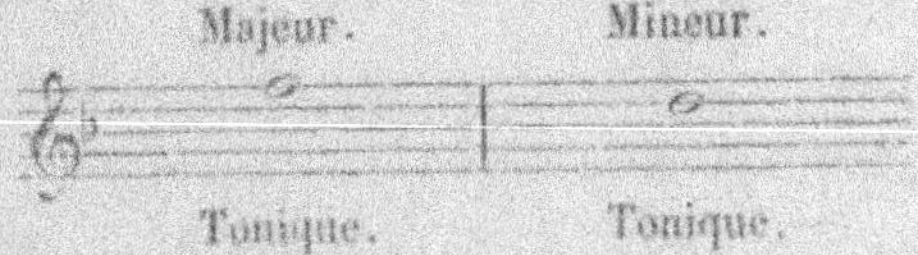

Avec deux bémols, *si ♭ majeur* ou *sol mineur*.

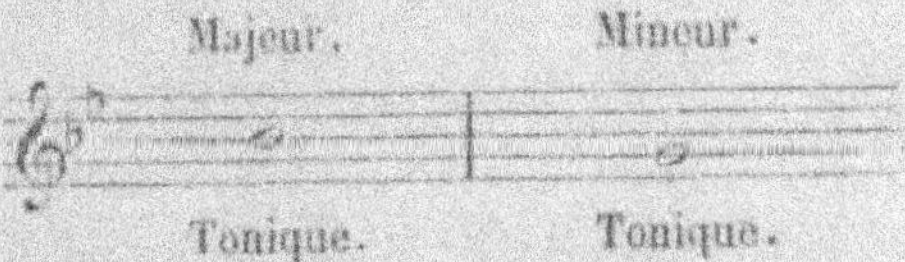

Avec trois bémols, *mi ♭ majeur* ou *do mineur*.

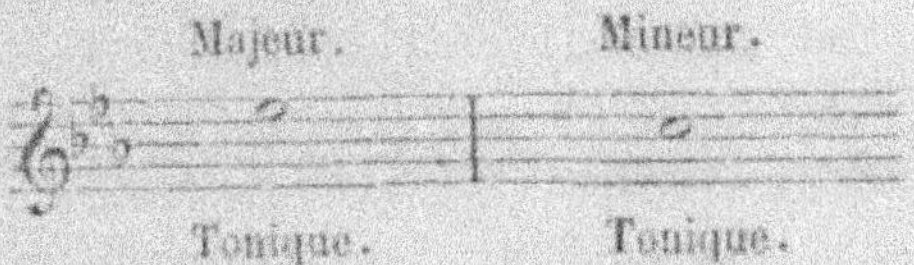

Avec quatre bémols, *la ♭ majeur* ou *fa mineur*.

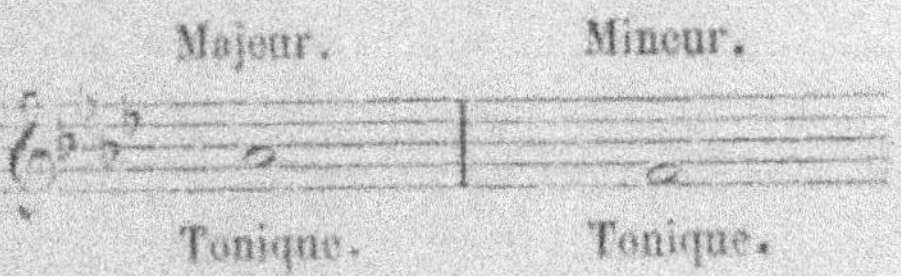

Avec cinq bémols, *ré♭ majeur* ou *si♭ mineur*.

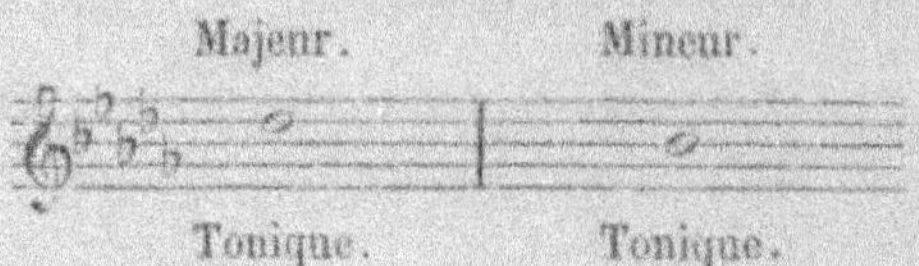

Avec six bémols, *sol♭ majeur* ou *mi♭ mineur*.

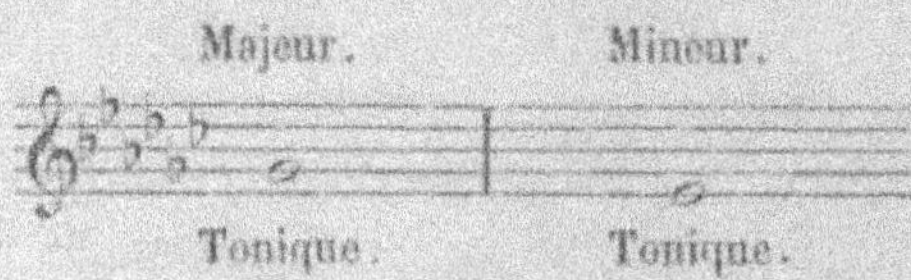

Avec sept bémols, *do♭ majeur* ou *la♭ mineur*.

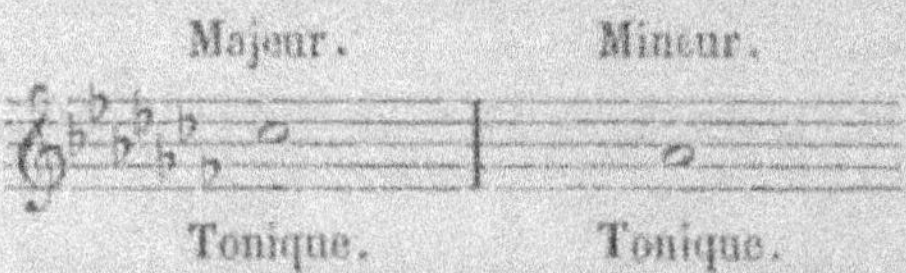

Avec ni dièse ni bémol, en *do majeur* ou en *la mineur*.

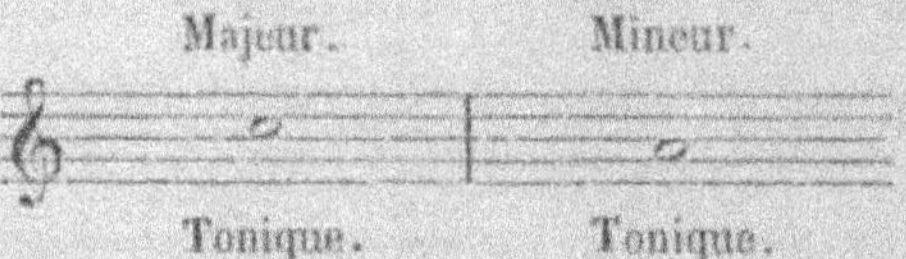

Le ton mineur dérivant du ton majeur, ne peut se reconnaître aussi facilement que ce dernier ; il faut, pour que le morceau soit en mineur, que la septième note de sa gamme soit altérée, c'est-à-dire haussée d'un demi-ton au moyen d'un dièse, d'un double-dièse ou d'un bécarre.

La note étant déjà diésée, on peut employer le double-dièse ; par ce moyen, la note se trouve haussée d'un demi-ton de plus.

GAMMES MAJEURES ET MINEURES

avec des dièses à la clé.

Do majeur ; *relatif*, La mineur.

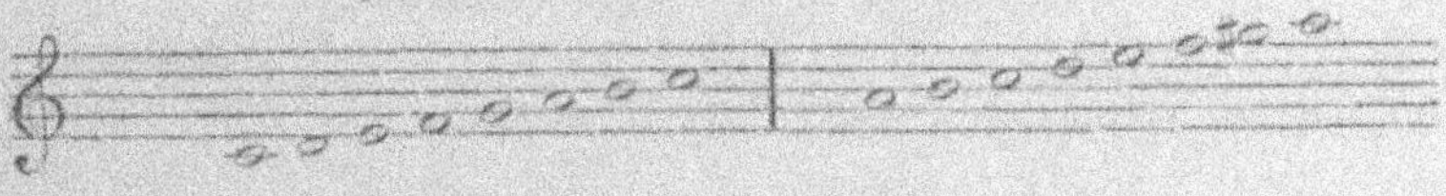

Sol majeur ; *relatif*, Mi mineur.

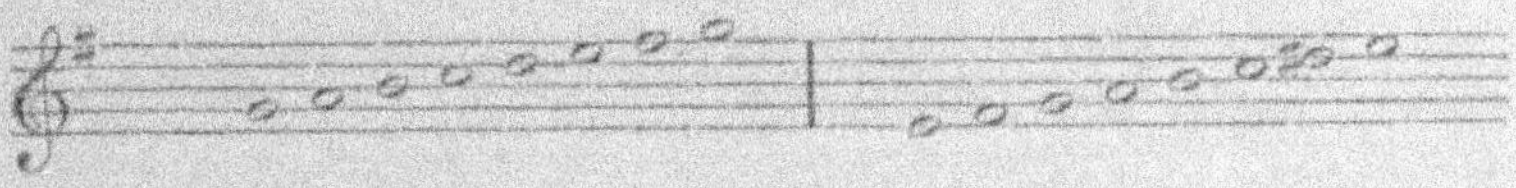

Ré majeur ; *relatif*, Si mineur.

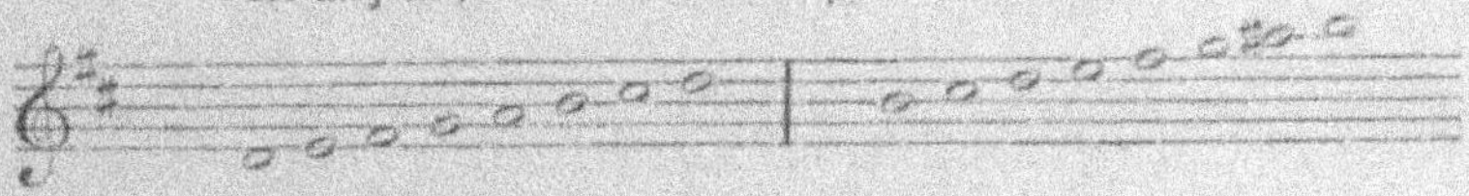

La majeur ; *relatif*, Fa ♯ mineur.

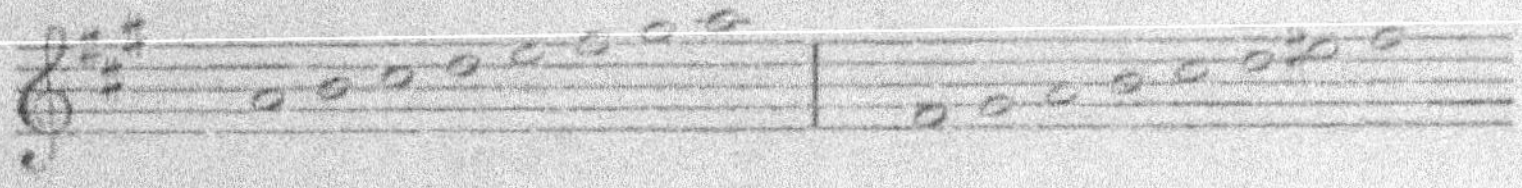

Mi majeur ; *relatif*, Do ♯ mineur.

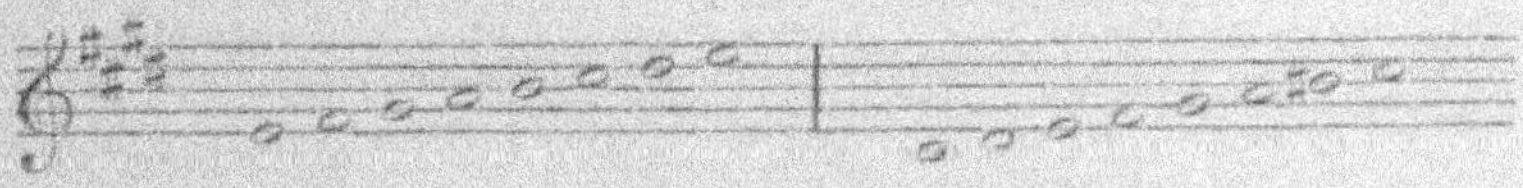

Si majeur ; *relatif*, Sol ♯ mineur.

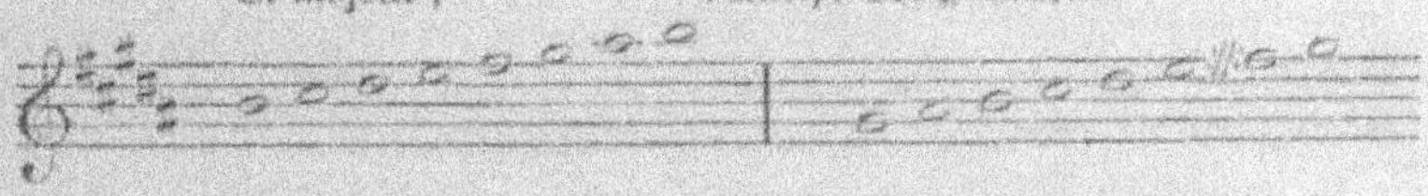

Fa ♯ majeur ; *relatif*, Ré ♯ mineur.

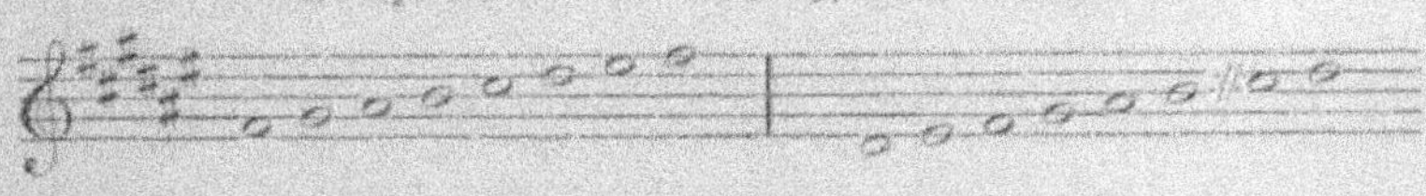

Do ♯ majeur ; *relatif*, La ♯ mineur.

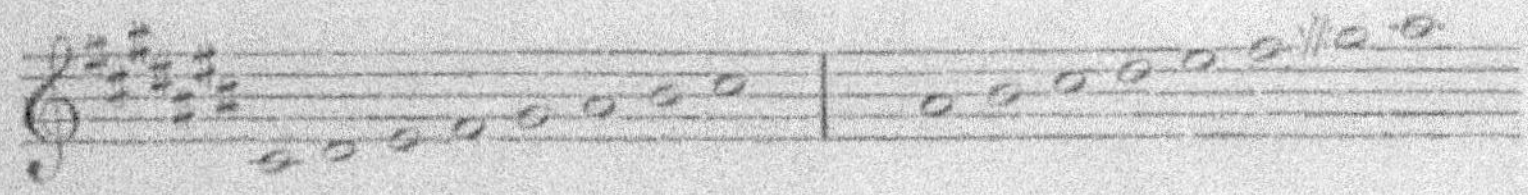

GAMMES MAJEURES ET MINEURES

avec des bémols à la clé.

Do majeur ; *relatif*, La mineur.

Fa majeur ; *relatif*, Ré mineur.

Si ♭ majeur ; *relatif*, Sol mineur.

Mi ♭ majeur ; *relatif*, Do mineur.

La ♭ majeur ; *relatif*, Fa mineur.

Ré ♭ majeur ; *relatif*, Si ♭ mineur.

Sol ♭ majeur ; *relatif*, Mi ♭ mineur.

Do majeur ; *relatif*, La mineur.

TABLEAU COMPARATIF DES GAMMES

Dans tous les tons majeurs, avec des dièses.

Établissant la preuve qu'elles se composent toutes de cinq tons et deux demi-tons ; le premier demi-ton est toujours placé du 3ᵉ au 4ᵉ degré, et le second, du 7ᵉ au 8ᵉ.

Gamme naturelle.

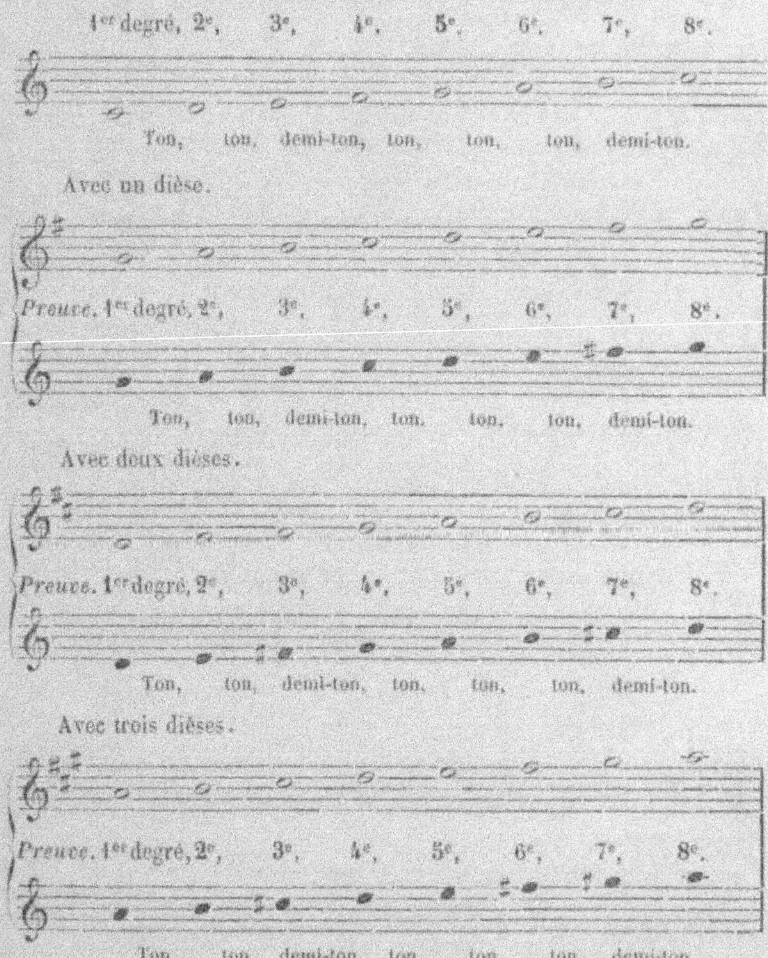

Avec quatre dièses.

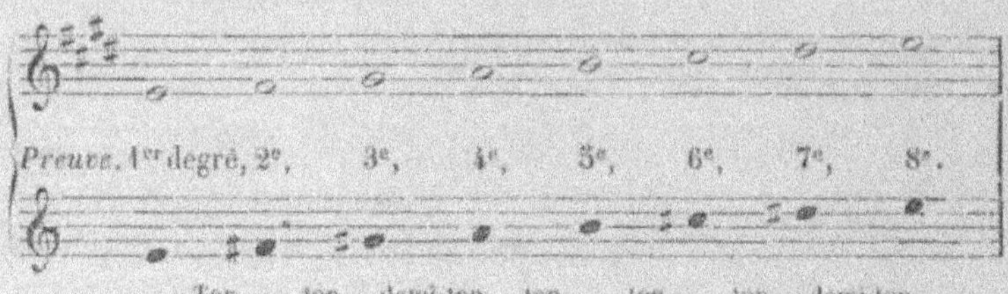

Avec cinq dièses.

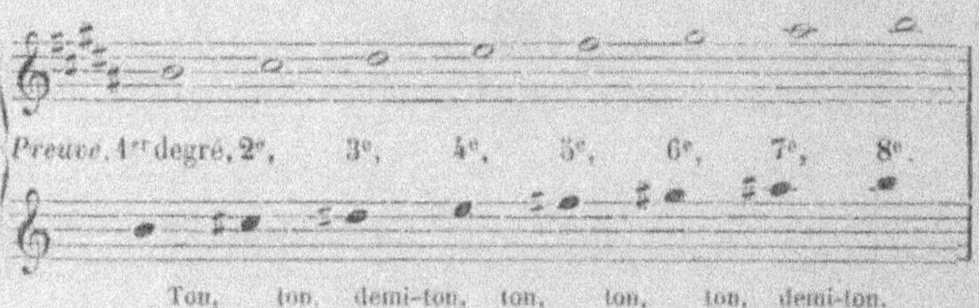

Avec six dièses.

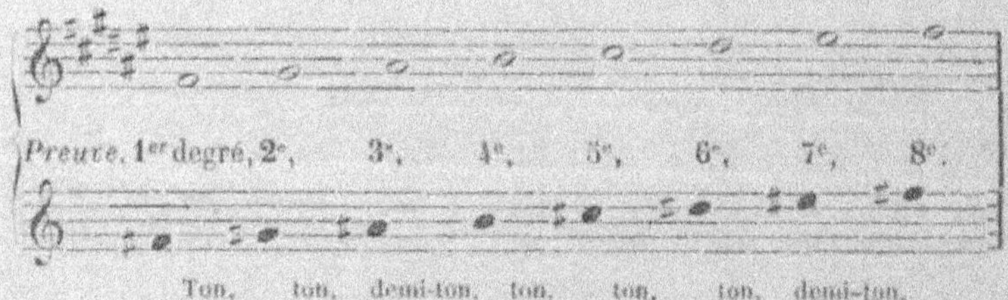

Avec sept dièses.

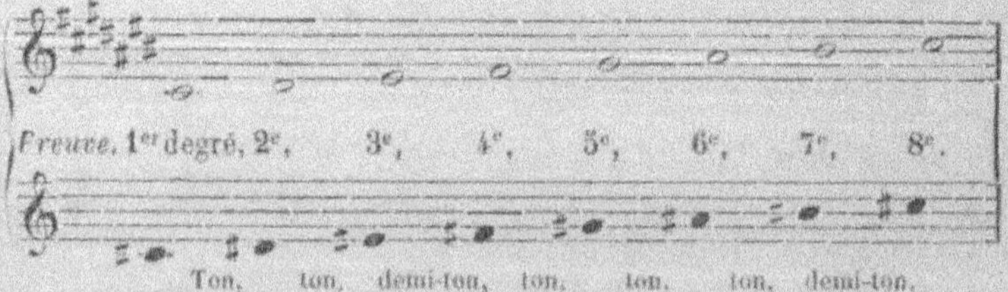

TABLEAU COMPARATIF DES GAMMES

Dans tous les tons majeurs, avec des bémols.

Établissant la preuve qu'elles se composent toutes de cinq tons et deux demi-tons ; le premier demi-ton est toujours placé du 3e au 4e degré, et le second, du 7e au 8e.

Avec un bémol.

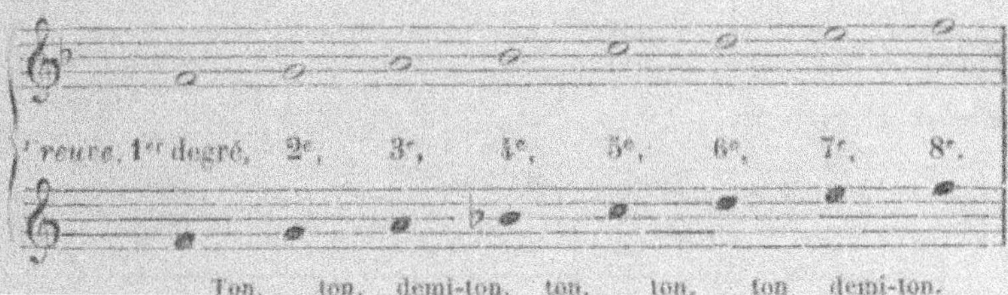

Avec deux bémols.

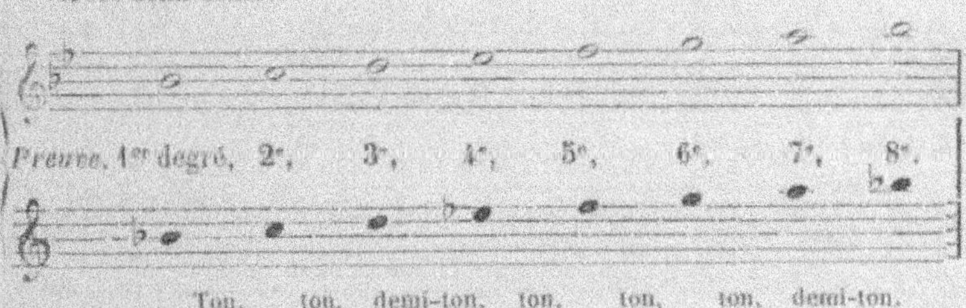

Avec trois bémols.

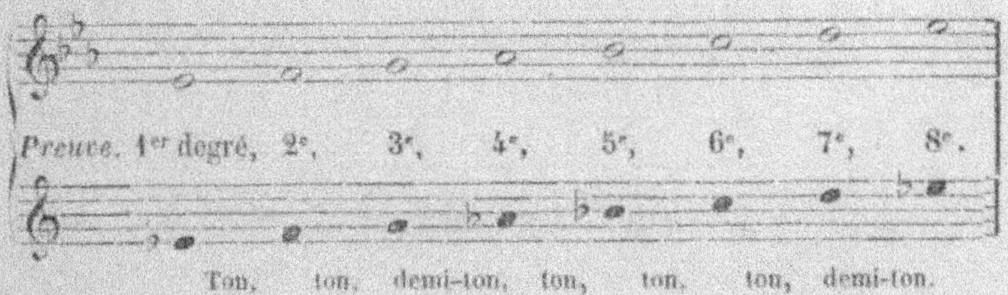

Avec quatre bémols.

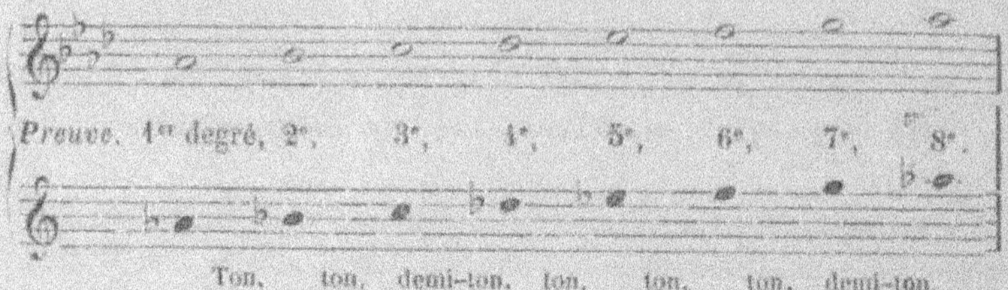

Avec cinq bémols.

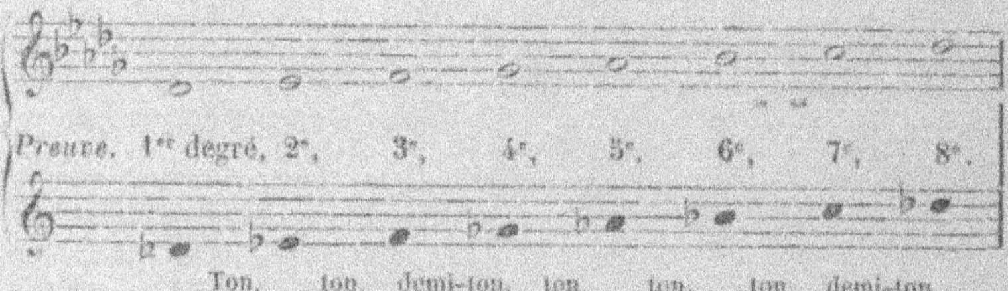

Avec six bémols.

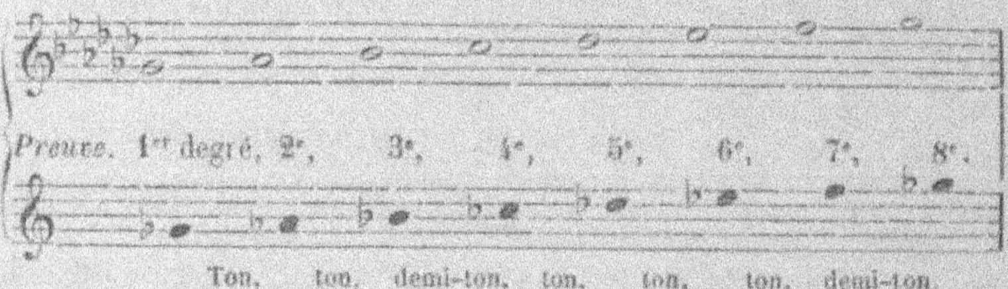

Avec sept bémols.

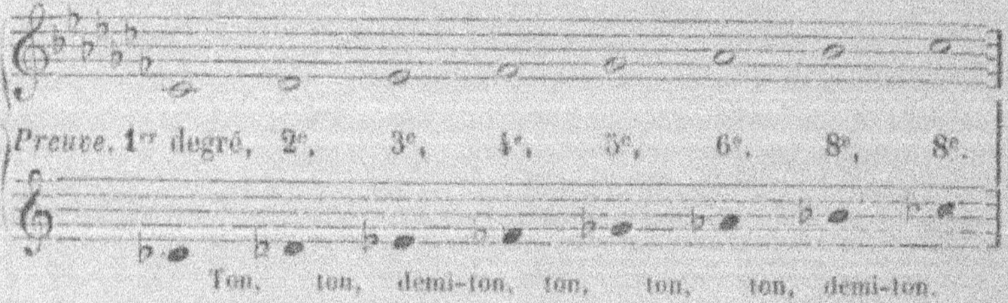

CHAPITRE XX

De la gamme mineure et de sa composition.

La gamme mineure se compose de trois tons, d'un ton et demi, et de trois demi-tons, disposés de cette manière (F. Bazin) :

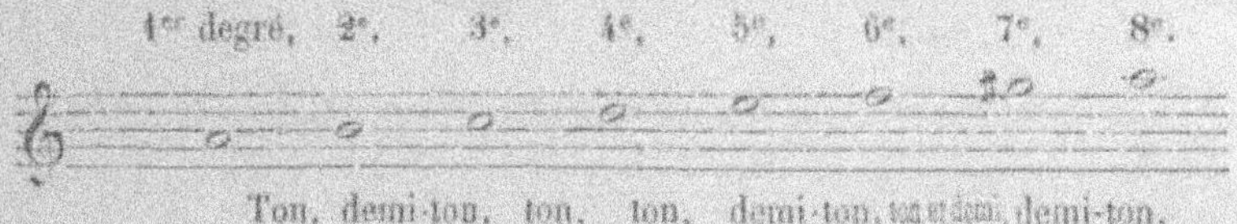

Dans toutes les gammes mineures, avec des dièses comme avec des bémols, les tons sont toujours placés du *1er* au *2e* degré, du *3e* au *4e* degré, et du *4e* au *5e* ;

Le ton et demi est toujours du *6e* au *7e* degré ;

Et les demi-tons sont toujours placés du *2e* au *3e* degré, du *5e* au *6e* degré, et du *7e* au *8e*.

TABLEAU COMPARATIF DES GAMMES MINEURES

avec des dièses.

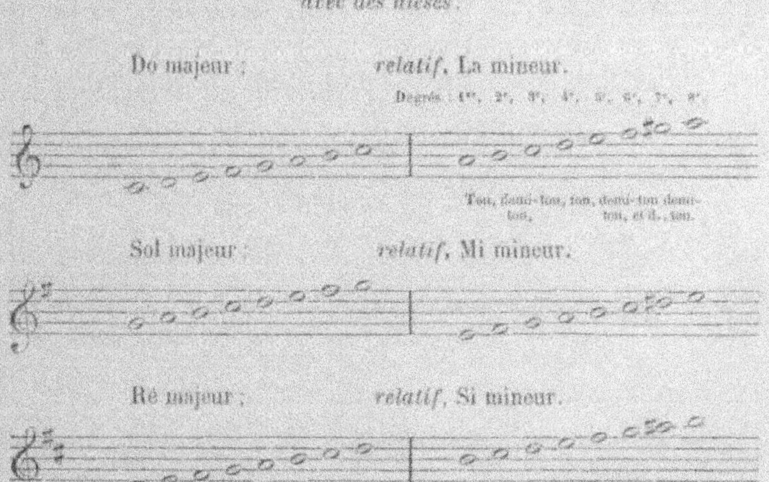

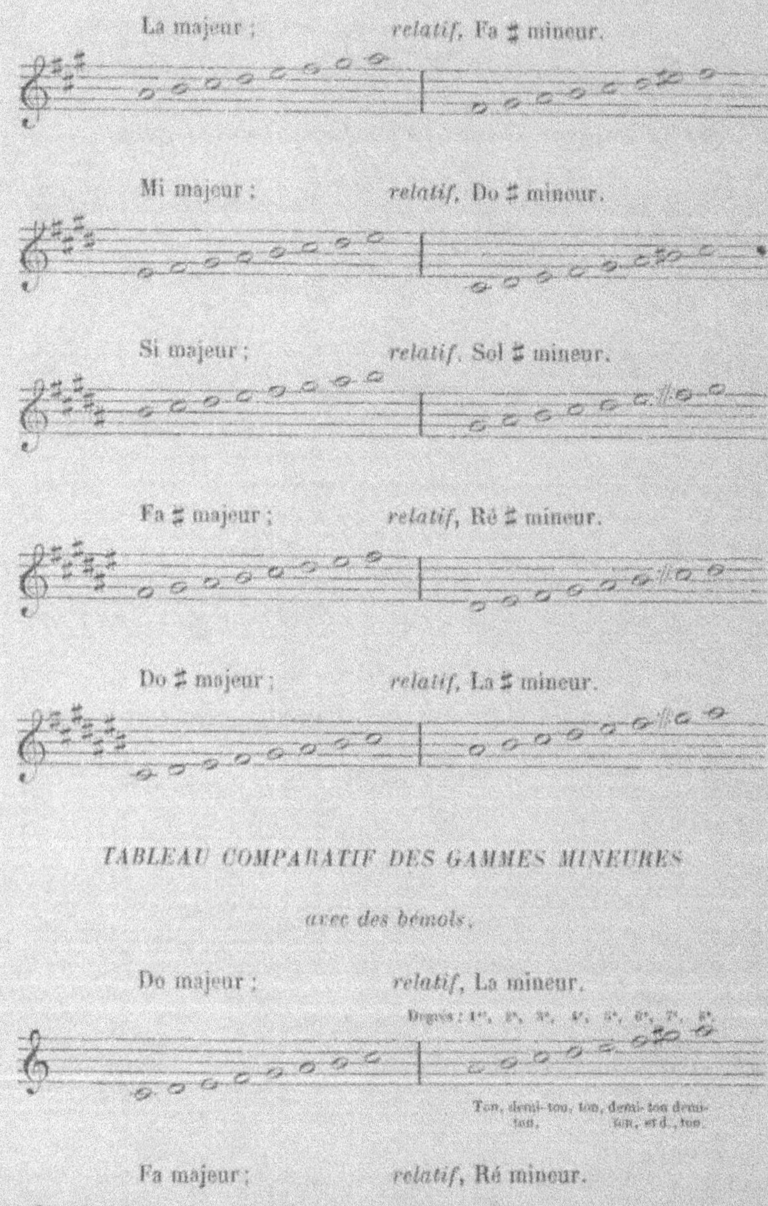
La majeur ; relatif, Fa ♯ mineur.
Mi majeur ; relatif, Do ♯ mineur.
Si majeur ; relatif, Sol ♯ mineur.
Fa ♯ majeur ; relatif, Ré ♯ mineur.
Do ♯ majeur ; relatif, La ♯ mineur.
TABLEAU COMPARATIF DES GAMMES MINEURES
avec des bémols.
Do majeur ; relatif, La mineur.
Degrés : 1er, 2e, 3e, 4e, 5e, 6e, 7e, 8e.
Ton, demi-ton, ton, demi-ton demi-ton, ton, et d., ton.
Fa majeur ; relatif, Ré mineur.

Si ♭ majeur ; *relatif*, Sol mineur.

Mi ♭ majeur ; *relatif*, Do mineur.

La ♭ majeur ; *relatif*, Fa mineur.

Ré ♭ majeur ; *relatif*, Si ♭ mineur.

Sol ♭ majeur ; *relatif*, Mi ♭ mineur.

Do ♭ majeur ; *relatif*, La ♭ mineur.

CHAPITRE XXI

De l'effet produit par le dièse ou le bémol accidentel.

Nous avons vu quel était l'effet des dièses et des bémols, placés au commencement d'un morceau de Musique, et l'altération qu'ils faisaient subir aux notes qu'ils représentaient.

Dans le cours d'un morceau de Musique, un bémol et un dièse peuvent être placés accidentellement et par conséquent ne produire qu'un effet momentané ; dans ce dernier cas, l'effet produit n'a pas une valeur exactement identique à celle produite par les dièses ou les bémols dont nous avons déjà parlé, savoir :

Le ton se subdivise, en dehors du demi-ton, en neuf parties égales désignées sous le nom de COMMA.

EXEMPLE

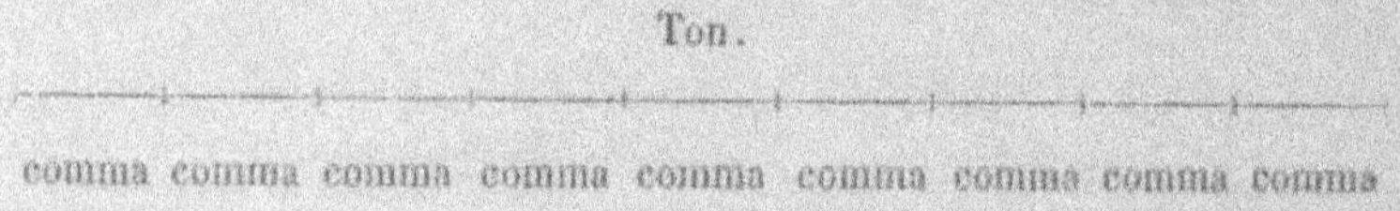

Ton.

comma comma comma comma comma comma comma comma comma

Ton divisé en deux parties égales.

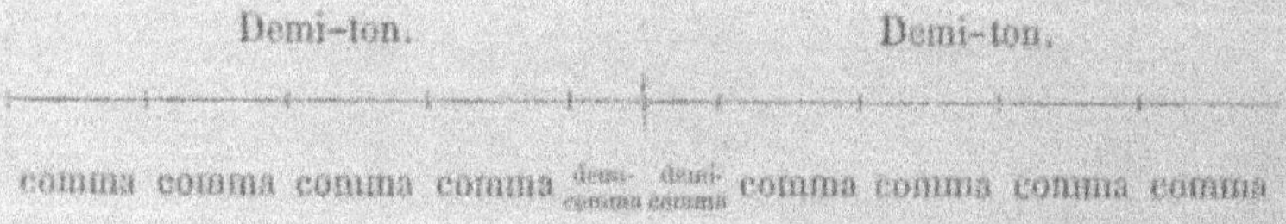

Demi-ton. Demi-ton.

comma comma comma comma demi-comma demi-comma comma comma comma comma

CHAPITRE XXII

De l'effet des dièses et des bémols accidentels.

L'effet des *dièses* et des *bémols accidentels* n'est pas le même que celui des *dièses* et *bémols* placés à la clé, appelés *signes caractéristiques des tonalités*, puisqu'ils ne servent qu'à établir les *gammes majeures* dans tous les tons, composées de *cinq tons* et *deux demi-tons*, et les *gammes mineures*, composées de *trois tons*, d'*un ton et demi* et de *trois demi-tons*.

Le dièse accidentel, ayant tendance à augmenter l'élévation du son de la note qu'il précède, la fait monter d'un demi-comma, ce qui fait cinq commas au lieu de quatre et demi, et il ne reste plus que quatre commas de distance de la note diésée à celle qui la suit.

EXEMPLE.

Effet du dièse accidentel...... *Reste*..................

Le bémol accidentel ayant au contraire tendance à forcer l'abaissement qu'il fait subir à la note, la fait descendre de cinq commas au lieu de quatre et demi, et il ne reste plus que quatre commas de distance à celle qui suit.

EXEMPLE.

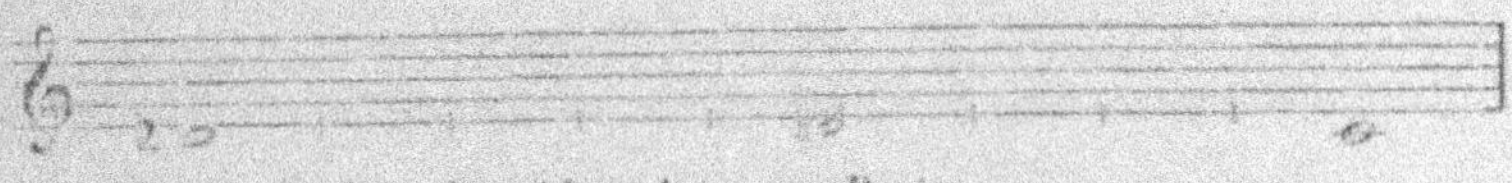

Effet du bémol accidentel...... *Reste*..................

Il existe aussi des sons appelés *sons enharmoniques*.

On appelle *enharmonie* le passage d'une note à une autre, produisant sur certains instruments, comme l'orgue et le piano, le même son ; cependant, sur d'autres instruments, le violon, par exemple, il existe une différence entre deux sons enharmoniques ; mais cette différence est si petite, qu'elle n'est presque pas appréciable à l'oreille (F. BAZIN, *Traité d'Harmonie*, page 303).

EXEMPLE.

Sons enharmoniques.

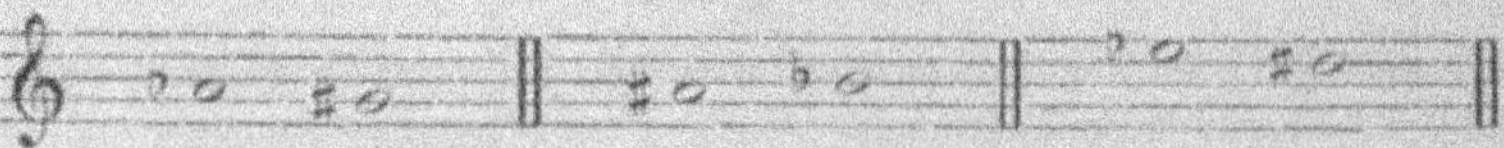

CHAPITRE XXIII

Des intervalles.

Chaque note de la gamme, ainsi que nous l'avons déjà dit, prend le nom du rang qu'elle occupe, *tonique*, *seconde*, *tierce*, *quarte*, *quinte*, *sixte*, *septième*, *octave*, et laisse entre le son produit par elle et celui que produit la note suivante une différence nommée *intervalle*.

Chacun de ces intervalles a reçu un nom indiquant sa position dans la gamme et marquant le nombre de degrés qui le sépare de la première note de la gamme ou tonique.

EXEMPLE.

La *1re note* se nomme *tonique* ou *fondamentale* ;
La *2e* — *seconde* ou *sus-tonique* ;
La *3e* — *tierce* ou *médiante* ;
La *4e* — *quarte* ou *sous-dominante* ;
La *5e* — *quinte* ou *dominante* ;
La *6e* — *sixte* ou *sus-dominante* ;
La *7e* — *septième* ou *sensible* ;
La *8e* — *octave*.

La *tierce* a reçu le nom de *médiante*, parce que c'est toujours sur elle que se détermine la tonalité majeure ou mineure.

La *quinte* a reçu le nom de *dominante*, parce qu'elle domine et assure toujours la tonalité majeure ou mineure, et on peut s'y reposer et s'en servir de *pédale*.

(On donne le nom de pédale à une note sur laquelle on peut prolonger le son pendant l'exécution de diverses notes de la gamme et avec lesquelles le son peut s'analyser avec la note servant de pédale. On forme une pédale généralement sur la quinte, ou **5e** note de la gamme.)

La *septième* a reçu le nom de *note sensible*, parce qu'on ne peut s'y arrêter sans sentir le désir de passer au plus tôt à la *tonique* du ton, c'est-à-dire à l'*octave*, qui est la reproduction de la première note de la gamme.

EXEMPLE.

Tonique. Seconde. Tierce. Quarte. Quinte.

Fondamentale. Sus-tonique. Médiante. Sous-dominante. Dominante.

Sixte. Septième. Octave. *Pédale.*

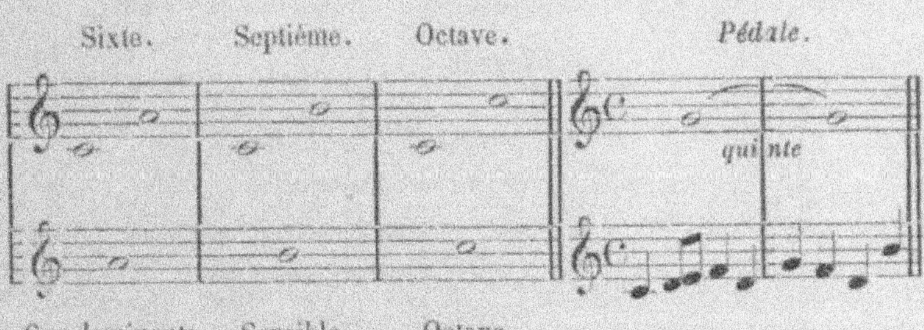

Sus-dominante. Sensible. Octave.

CHAPITRE XXIV

Des demi-tons diatonique et chromatique.

Il y a deux espèces de demi-tons, le demi-ton *diatonique* et le demi-ton *chromatique*.

Le demi-ton *diatonique* se compose d'un intervalle entre deux notes qui ne sont pas du même nom.

EXEMPLE.

Demi-tons diatoniques.

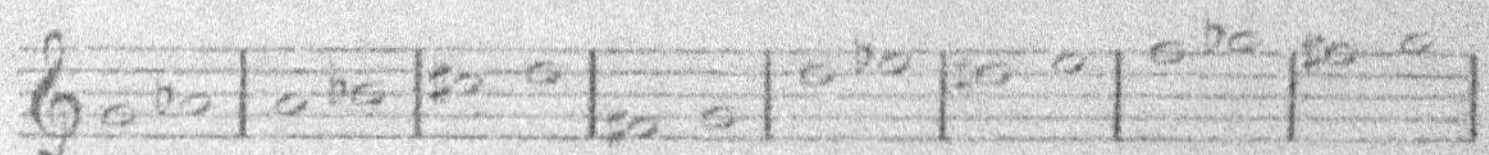

Le demi-ton *chromatique* se compose d'un intervalle entre deux sons sur la même note et du même nom.

EXEMPLE.

Demi-tons chromatiques.

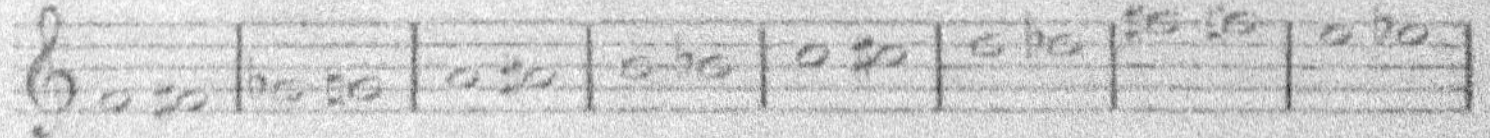

Par suite des altérations produites sur les notes par les signes accidentels, qui lui impriment une tendance à monter ou à descendre, le demi-ton *diatonique* et le demi-ton *chromatique* n'ont pas la même valeur en commas.

Le demi-ton *diatonique* ne se compose que de quatre commas ; le demi-ton *chromatique*, au contraire, se compose de cinq commas.

Le ton naturel a la valeur d'un demi-ton *diatonique* augmenté d'un demi-ton *chromatique* et donne une valeur de neuf commas.

Deux demi-tons *diatoniques*, ne formant que huit commas, sont plus petits que le ton naturel.

Deux demi-tons *chromatiques*, au contraire, formant dix commas, sont plus grands que le ton naturel.

EXEMPLE.

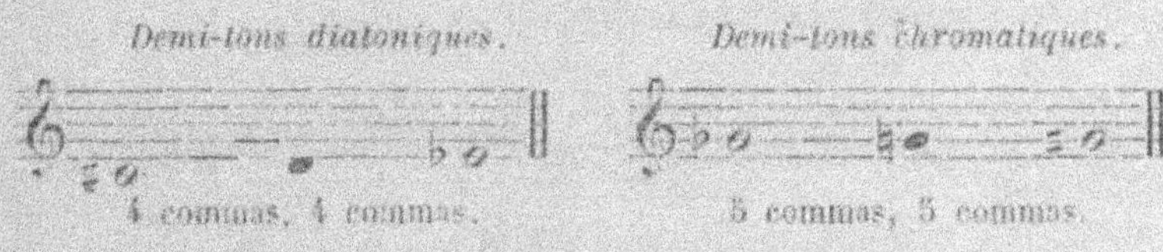

CHAPITRE XXV

De l'unisson.

Lorsque deux notes occupent le même degré sur la portée ou en dehors de la portée musicale ne sont séparées entre elles par aucun signe accidentel, elles sont dites *notes à l'unisson*, parce que l'une n'est ni plus grave ni plus aiguë que l'autre.

EXEMPLE.

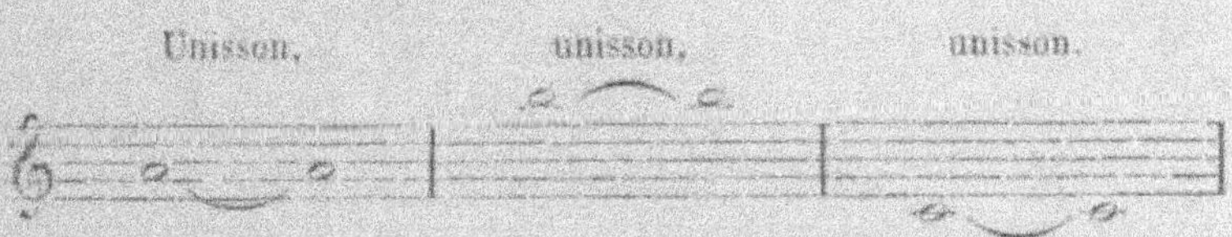

Par suite des dièses ou bémols accidentels, les intervalles de *seconde*, *tierce*, *quarte*, *quinte*, *sixte*, *septième*, *octave*, *neuvième*, *dixième*, etc., peuvent être augmentés ou diminués.

EXEMPLE.

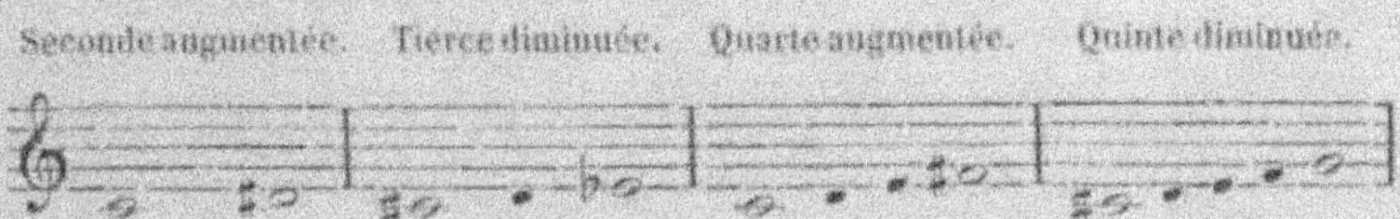

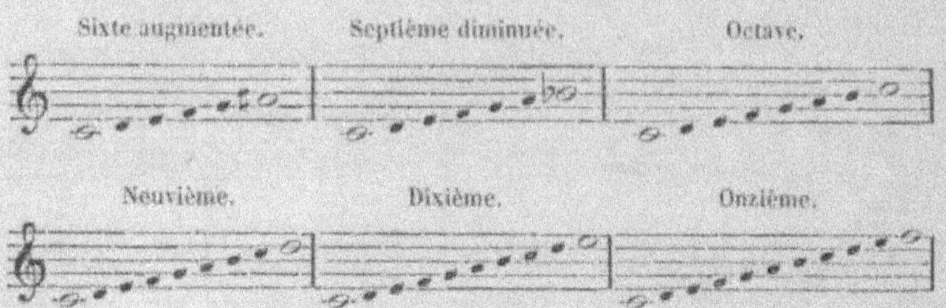

Parmi les intervalles, il en existe des majeurs, mineurs et justes. Voyez le chapitre suivant.

CHAPITRE XXVI

Des intervalles de toute espèce et de leur renversement.

Il faut remarquer que, dans les intervalles, la première note se trouve toujours placée de bas en haut ; si la note était, au contraire, placée de haut en bas, on obtiendrait ce que l'on est convenu d'appeler *un renversement d'intervalles* : alors, par le fait de l'emploi d'un dièse ou d'un bémol accidentel, on produirait ceci : *tout ce qui, dans le premier cas, serait augmenté, deviendrait, au contraire, diminué ; tout ce qui serait diminué deviendrait, au contraire, augmenté* ; en un mot, *tout ce qui serait majeur deviendrait mineur, et tout ce qui serait mineur deviendrait majeur*, à l'exception de la quarte et de la quinte, qui, étant justes de bas en haut, restent justes de haut en bas, ou soit, dans leur renversement.

Exemple.

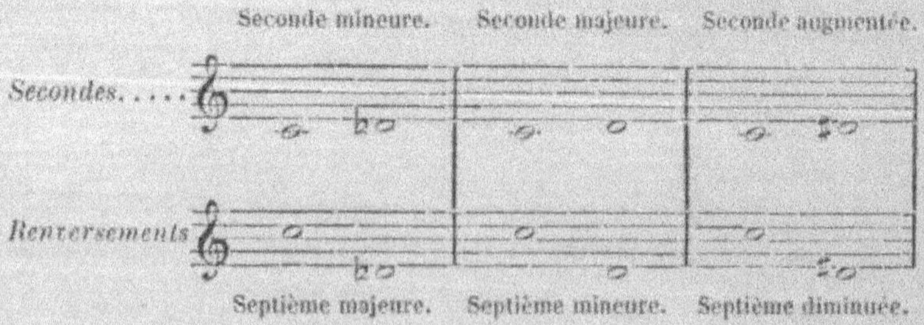

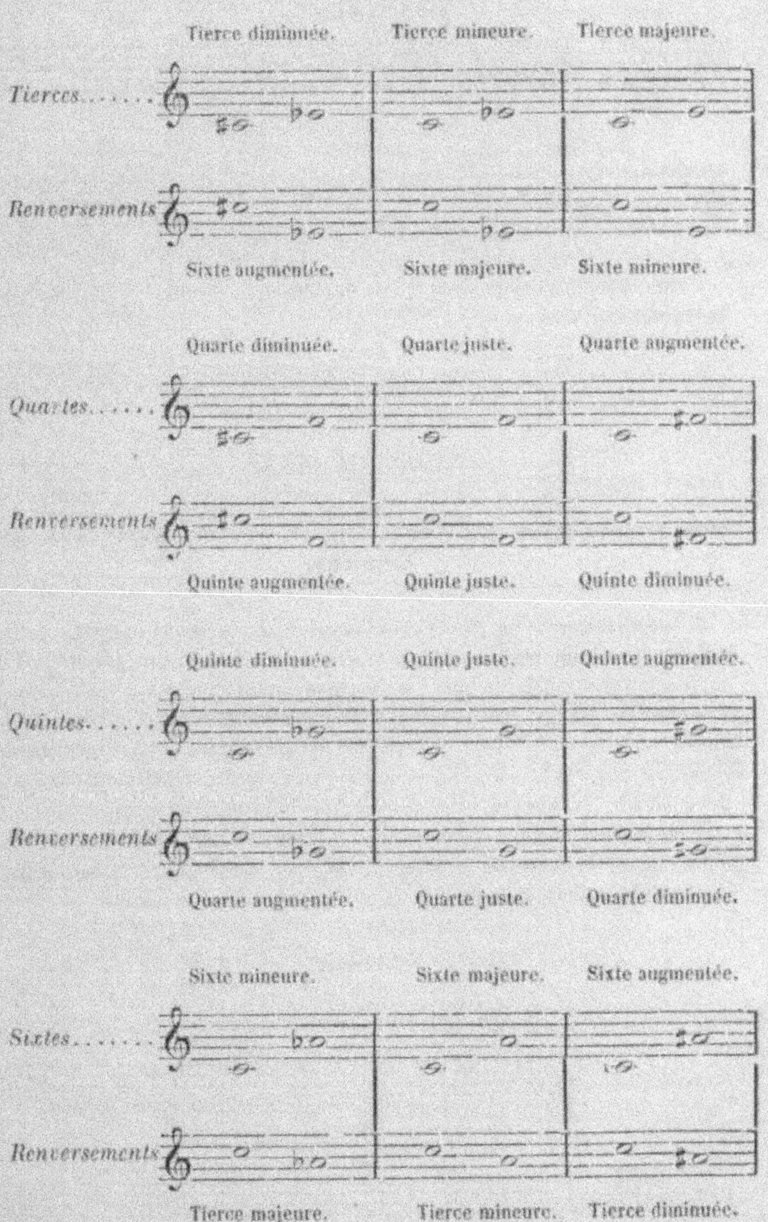
Tierce diminuée.
Tierce mineure.
Tierce majeure.
Tierces......
Renversements
Sixte augmentée.
Sixte majeure.
Sixte mineure.
Quarte diminuée.
Quarte juste.
Quarte augmentée.
Quartes......
Renversements
Quinte augmentée.
Quinte juste.
Quinte diminuée.
Quinte diminuée.
Quinte juste.
Quinte augmentée.
Quintes......
Renversements
Quarte augmentée.
Quarte juste.
Quarte diminuée.
Sixte mineure.
Sixte majeure.
Sixte augmentée.
Sixtes......
Renversements
Tierce majeure.
Tierce mineure.
Tierce diminuée.

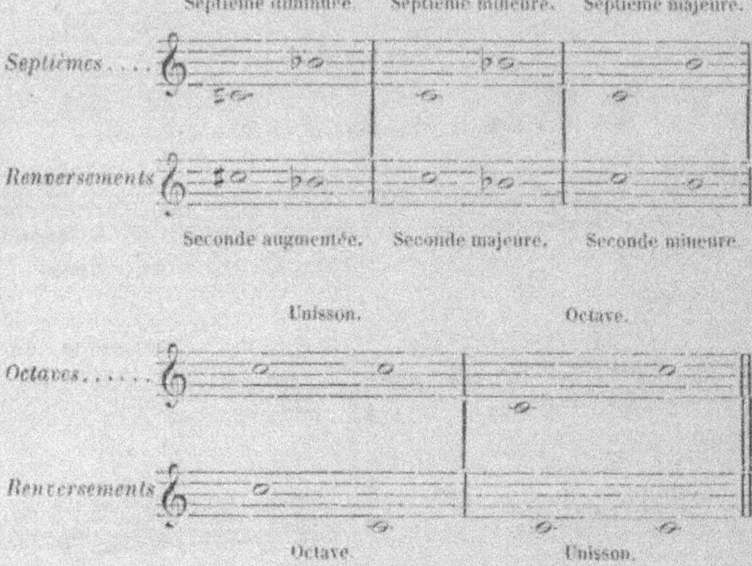

Manière de retenir tous les renversements des intervalles.

Tous les intervalles de la gamme majeure sont majeurs, à l'exception de la *quarte* et de la *quinte* qui sont *justes* et ne peuvent être ni *mineures* ni *majeures* ; ces deux intervalles ne peuvent être qu'*augmentés*, en les haussant d'un demi-ton, et *diminués*, en les baissant d'un demi-ton.

Quant aux intervalles *majeurs*, ils deviennent *mineurs* en les baissant d'un demi-ton, *augmentés* en les baissant d'un demi-ton, et *diminués* en les baissant de deux demi-tons.

CHAPITRE XXVII

De la liaison des notes et des syncopes.

On peut lier si l'on veut plusieurs sons ensemble ; cette liaison est indiquée dans l'écriture musicale par une ligne *courbe* placée au-dessus de plusieurs notes et embrassant toutes celles dont on veut *lier les sons*.

EXEMPLE.

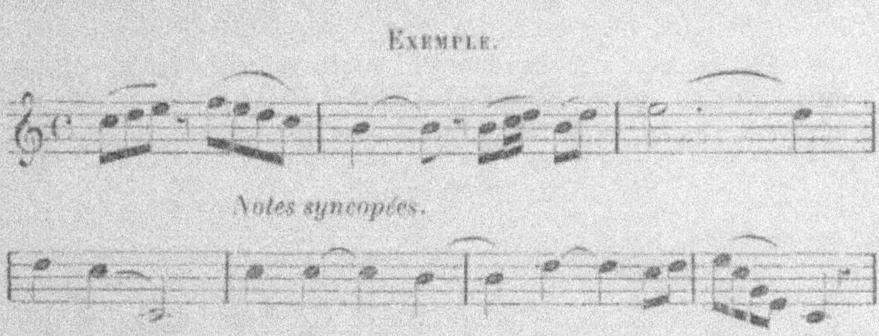

La liaison des notes a pour effet, dans l'exécution d'un morceau de Musique, d'obliger la voix ou l'instrument à vent d'émettre toutes les notes liées, sans qu'il puisse y avoir reprise de la respiration entre chacune d'elles. Le son de chacune de ces notes doit cependant être complètement distinct de celui de la note qui la précède ou qui la suit, pour les instruments à cordes ; les notes ainsi liées doivent être rendues dans un seul coup d'archet.

EXEMPLE.

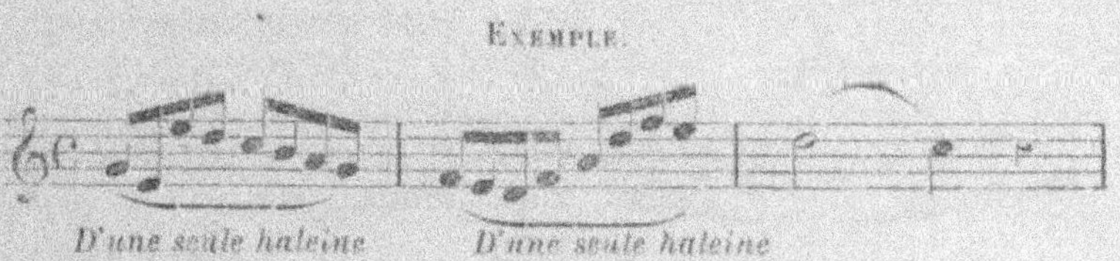

D'une seule haleine ou d'un seul coup d'archet. *D'une seule haleine ou d'un seul coup d'archet.*

Les notes non liées doivent être exécutées de façon à ce que le son de chacune d'elles soit bien accusé et ne se fonde pas avec le son des notes voisines ; mais la condition de ne pas reprendre respiration ou l'archet ne s'applique pas à l'exécution de ces notes.

EXEMPLE.

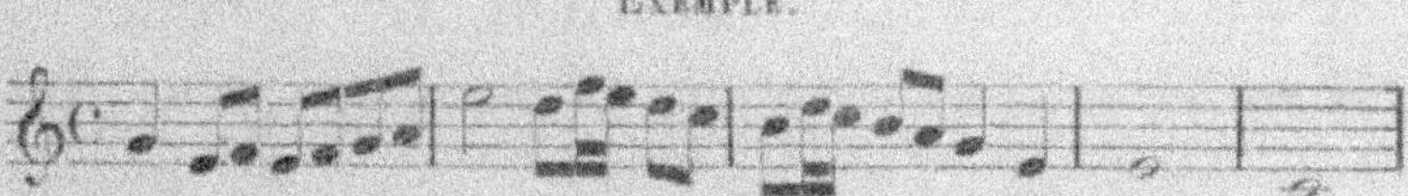

CHAPITRE XXVIII

Des notes piquées.

On rencontre quelquefois dans le cours d'un morceau de Musique des notes surmontées d'un petit point : ces notes sont dites *notes piquées*, et ce signe a pour but d'indiquer à l'exécutant que le son de chacune de ces notes doit être bien nettement détaché, et qu'il doit même exister entre chacune d'elles un silence imperceptible devant être fait avec le plus grand soin.

EXEMPLE.

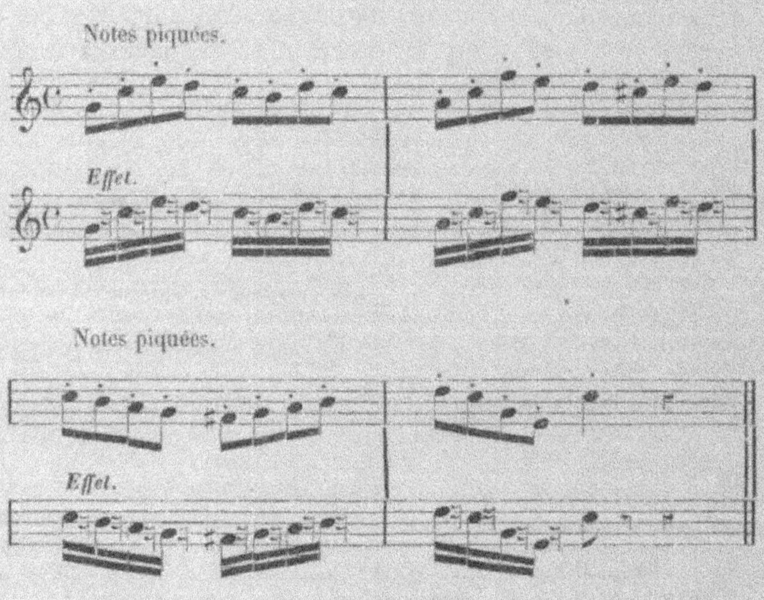

CHAPITRE XXIX

Des point et point d'arrêt.

Les notes, de quelque nature qu'elles soient, surmontées du signe 𝄐, prennent une valeur qui est complètement à la volonté de l'exécutant. Ce signe a reçu le nom de *point d'orgue*.

EXEMPLE.

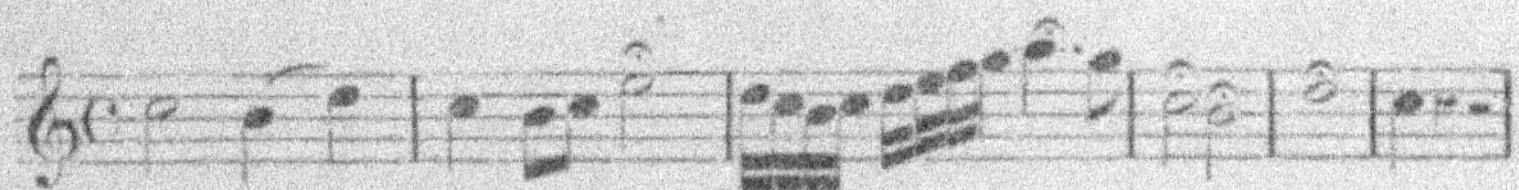

Le même signe peut être placé sur un silence : il prend alors le nom de *point d'arrêt* et indique pour la longueur de ce silence une valeur de repos à la volonté de l'exécutant.

EXEMPLE.

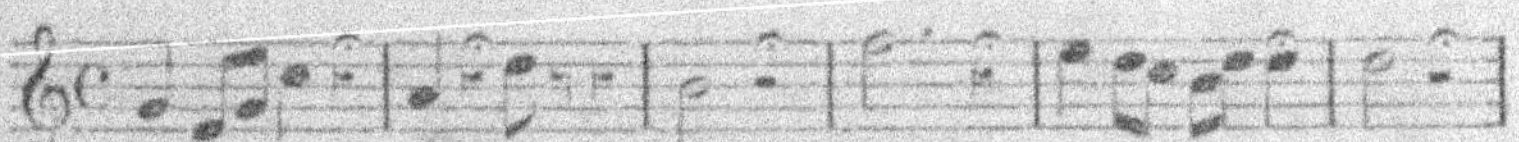

Une note surmontée de ce signe 𝄐 est quelquefois suivie d'une série de petites notes, *noires, croches, doubles-croches, triples-croches* ou *quadruples croches ;* l'émission de toutes ces notes s'appelle *faire un point d'orgue*. Elle a reçu aussi le nom de variation, parce qu'elle a pour but de faire valoir dans un trait musical non précisé, ou série de notes à la volonté du compositeur, la souplesse et l'habileté d'un chanteur ou d'un instrumentiste de talent.

EXEMPLE.

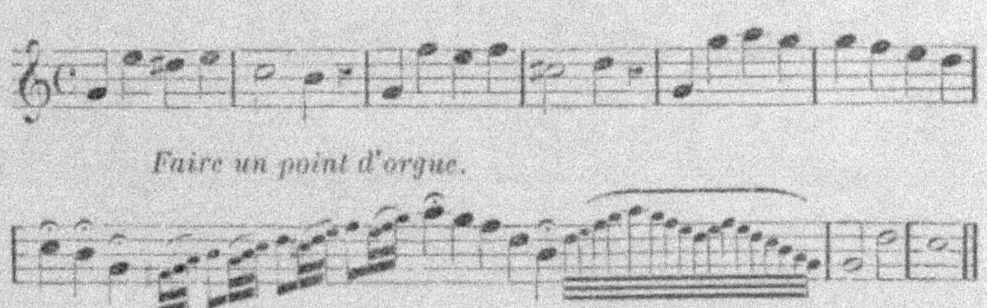

CHAPITRE XXX

De la syncope et de la tenue.

La liaison qui se prolonge et emprunte sur la mesure suivante la note qui se partage également entre la partie forte d'un temps et la partie faible du temps suivant, a reçu le nom de *syncope*.

Elle se marque par la liaison de deux sons qui ne se répètent pas.

EXEMPLE.

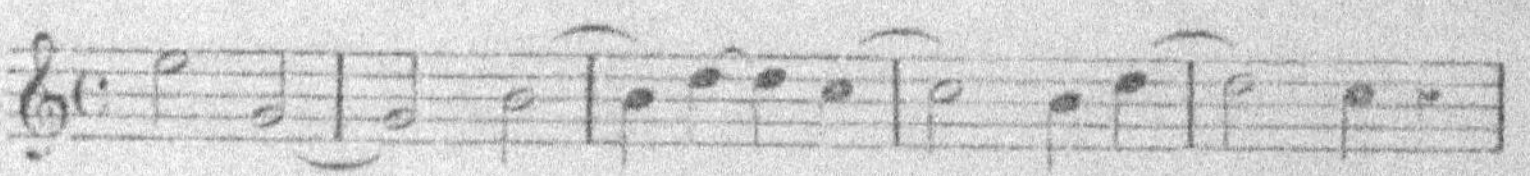

La syncope peut se placer sur toutes les valeurs et dans toutes les mesures simples et composées.

EXEMPLE.

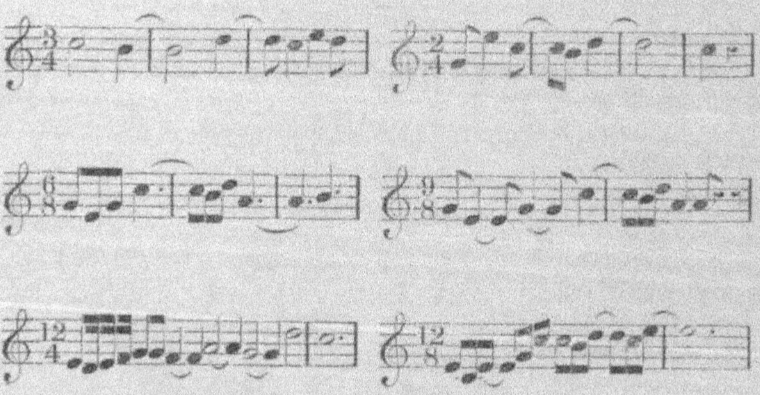

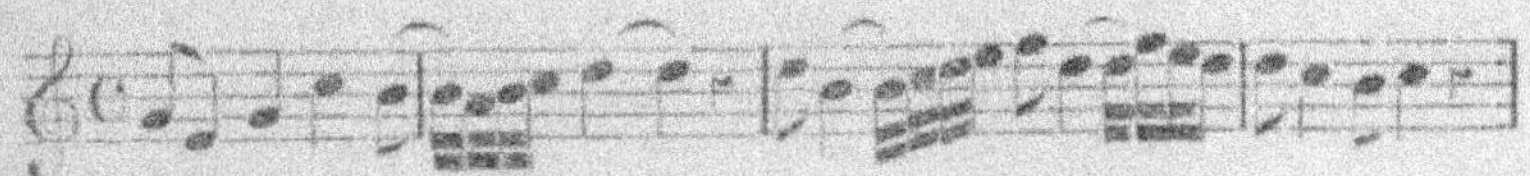

Les syncopes sont de deux natures, *syncope régulière* et *syncope irrégulière* ou *brisée*. La *syncope régulière* est celle qui est formée par deux notes d'égale valeur ; la *syncope irrégulière* ou *brisée* est celle qui est formée par deux notes de valeurs.

Exemple.

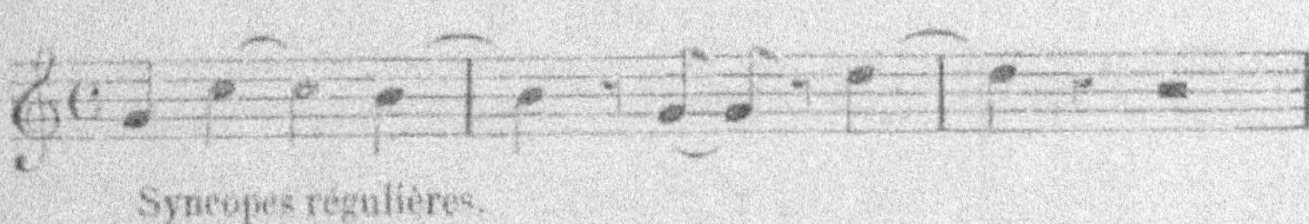

Syncopes régulières.

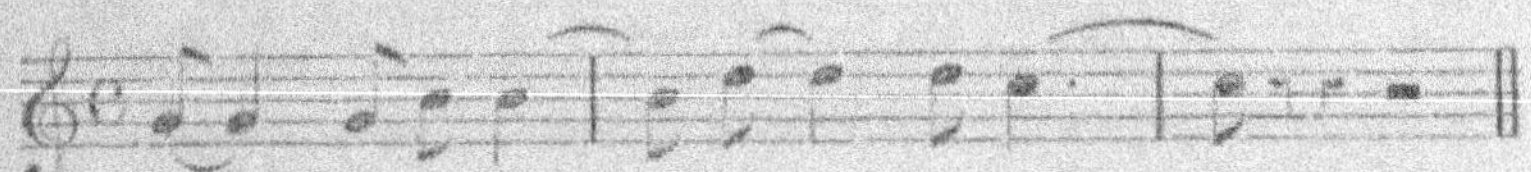

Syncopes irrégulières ou brisées.

Toutes les notes syncopées doivent être attaquées bien franchement, en bien accentuant les temps syncopés.

La liaison de deux notes semblables, ne formant en quelque sorte qu'une seule note, et en prolongeant la durée d'une mesure à une autre, quelquefois même pendant plusieurs mesures, a reçu le nom de *tenue*.

Exemple.

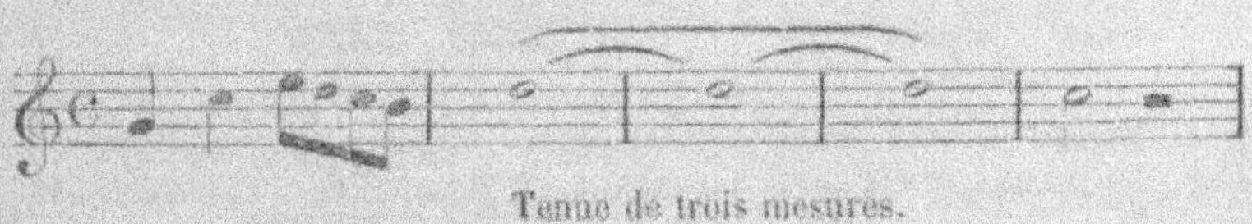

Tenue de trois mesures.

CHAPITRE XXXI

Des triolets, doubles-triolets ou sixaines et glissades.

Le compositeur peut parfois avoir à précipiter la cadence de la mesure sur un certain nombre de notes ; il y parvient en plaçant au-dessus de ce groupe de notes le chiffre *3* ou le chiffre *6*. Le premier de ces signes a reçu le nom de *triolet*, et le second *sixtolet* ou *sixaine*.

Le chiffre *3* se place sur un groupe de trois notes ; il indique que ces trois notes doivent être comptées pour la valeur de deux et s'appellent *triolet*.

Exemple.

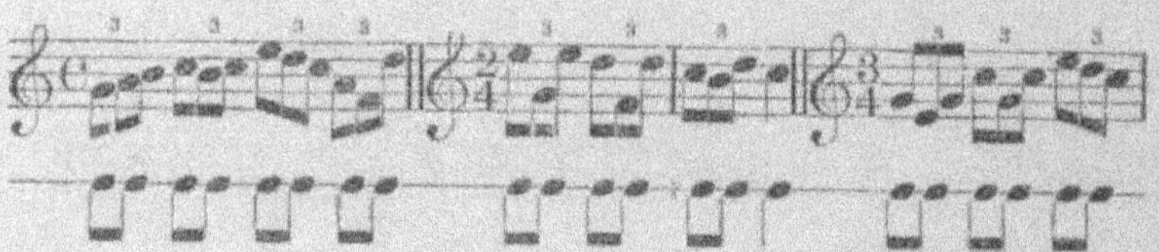

Le *6* se place sur un groupe de six notes ; il indique que ces six notes doivent être comptées pour la valeur de quatre, et s'appellent *sixtolet* ou *sixaine*.

Exemple.

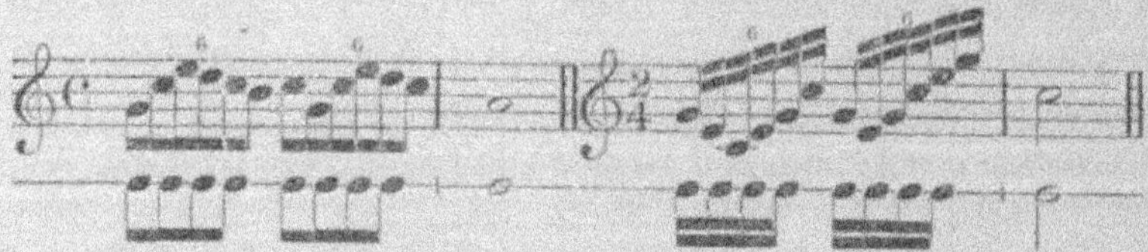

Il arrive parfois, mais rarement, que dans le cours d'un morceau le compositeur place une série de notes, ascendantes ou descendantes, d'un nombre indéterminé ; il indique alors le nombre de ces notes par un chiffre placé au-dessus du groupe qu'elles forment et en désignent la quantité.

Ces notes qui doivent être toutes parcourues dans la partie de temps indiquée dans la mesure, a reçu le nom de *glissade*.

EXEMPLE.

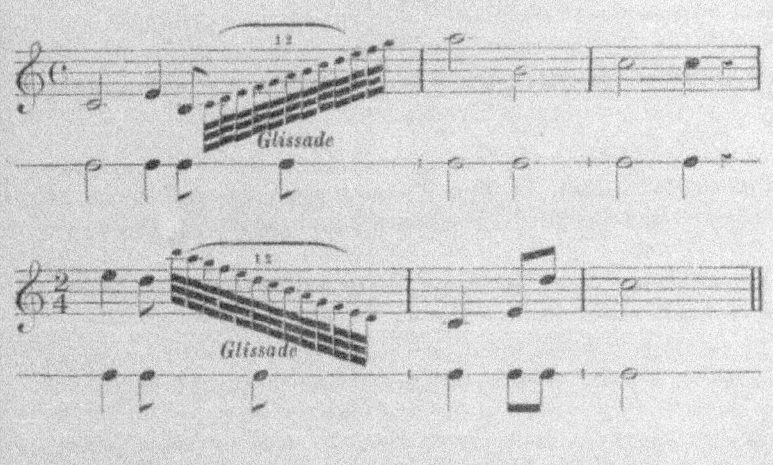

CHAPITRE XXXII

De l'appoggiature, des notes d'agrément, du gruppetto et du trille.

Il arrive assez fréquemment que le compositeur, voulant donner à sa mélodie une couleur variée et agréable à l'oreille, fait l'emploi d'une petite note appelée *appoggiature*.

Cette petite note ou *appoggiature* doit être exécutée légèrement et rapidement, afin de ne faire subir aucun retard à la mesure.

Elle peut se placer comme note inférieure ou supérieure de tonalité d'un degré seulement à la note qu'elle précède.

EXEMPLE.

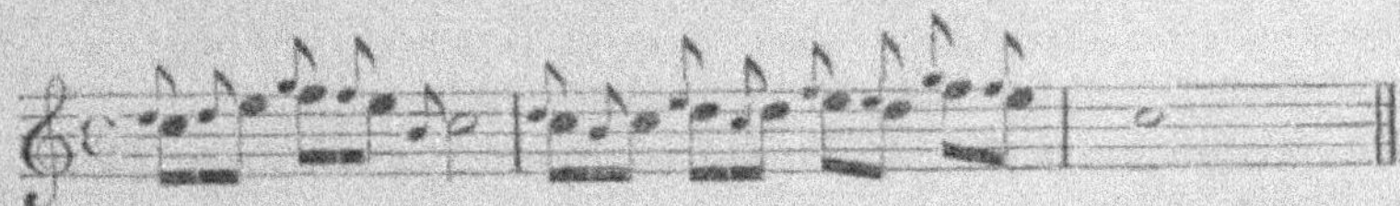

L'ensemble de plusieurs petites notes a reçu le nom de *notes d'agrément*. De même que l'*appoggiature*, elles doivent s'exécuter légèrement et rapidement, et peuvent, à la volonté de l'auteur, être composés d'un ou plusieurs intervalles au-dessus ou au-dessous de la note qu'elles précèdent.

EXEMPLE.

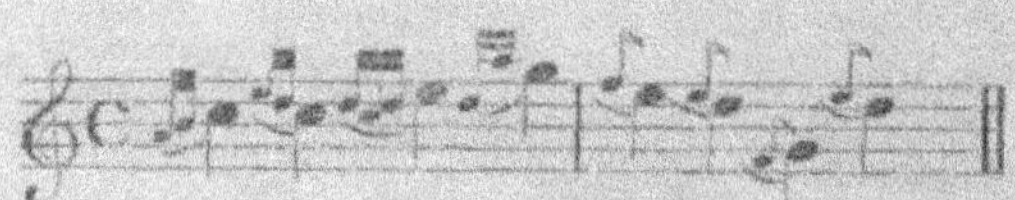

Notes d'agrément. Appogiatures.

Le *gruppetto* se distingue de l'appoggiature et des notes d'agrément par ce signe ~ et forme un groupe de quatre notes. Ces quatre notes doivent être exécutées d'une façon régulière et d'égale valeur, en prenant comme point de départ la tonalité supérieure d'un degré de la note qui le précède, en variant légèrement et rapidement sur la tierce, et terminant sur la tonalité de la note qui le suit.

EXEMPLE.

Avec abréviation.

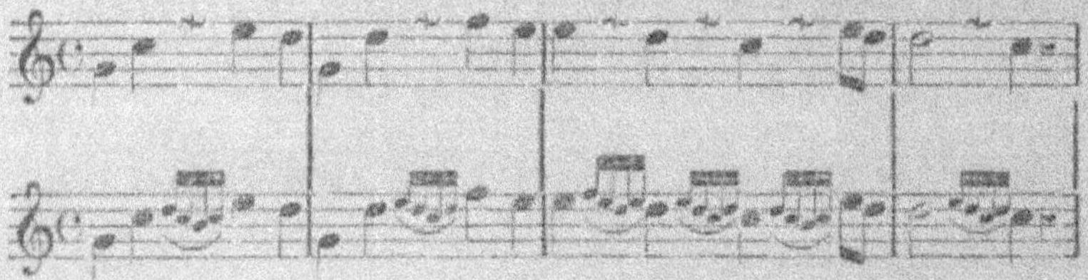

Notons que les appoggiatures, notes d'agrément et gruppettos se font généralement liés.

Le *trille* se distingue de l'appoggiature, des notes d'agrément et du gruppetto par ce signe *tr* placé indistinctement sur une valeur de note quelconque, au choix du compositeur. Il doit être exécuté avec la souplesse la plus habile, en faisant entendre distinctement et avec le plus de régularité possible, les deux sons qui en font partie et terminer sur le son de la note qui le suit sans faire subir aucun retard à la valeur de la note sur laquelle se trouve ce signe *tr* ; l'intonation de la note où il est placé doit servir de point de départ pour triller.

EXEMPLE.

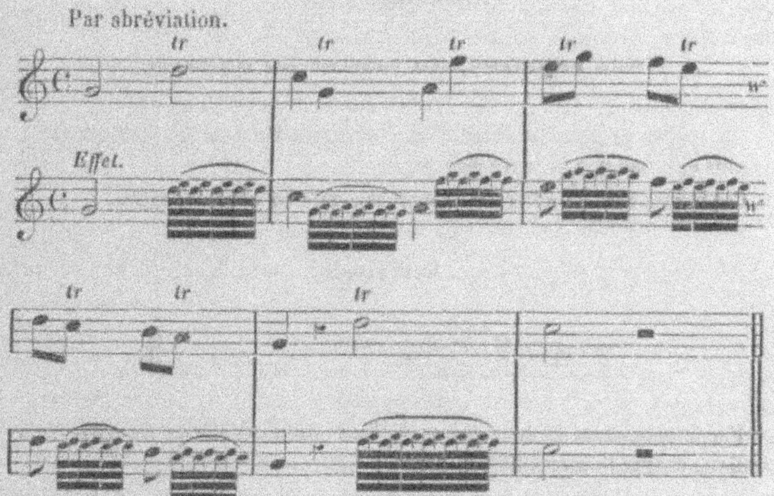

De même que l'appoggiature, notes d'agrément et gruppettos, le trille doit être lié ; le nombre de notes qu'il doit exister dans le courant d'un trille, sur une valeur quelconque, est dû à la souplesse du gosier du chanteur ou à l'agilité des doigts de l'instrumentiste.

Il arrive parfois, même assez fréquemment, que le compositeur ajoute un 𝄐 au-dessus de ce signe tr, de cette manière 𝄐tr.

Dans ce dernier cas, la note étant de plus longue durée, puisqu'elle est à la volonté de l'exécutant (chap. XXIX), le trille doit être exécuté de la manière suivante.

EXEMPLE.

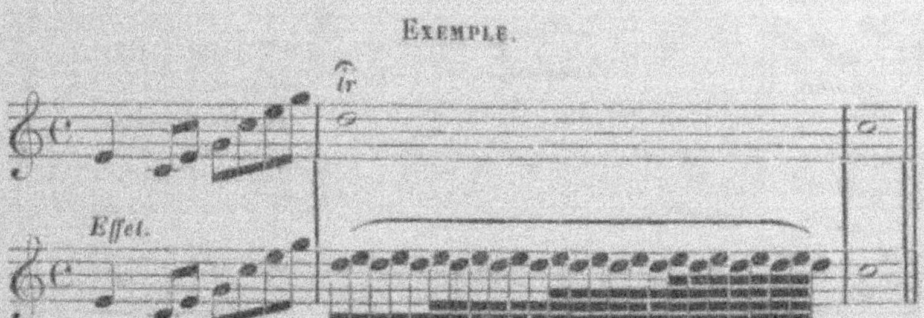

C'est-à-dire, le commencer lentement et le finir le plus rapidement possible.

CHAPITRE XXXIII

Des reprises, du renvoi ou da-capo.

On rencontre dans le courant d'un morceau de Musique des barres doubles et plus épaisses que la barre de mesure :

Ces barres servent à diviser le morceau ou à en conclure la fin.

EXEMPLE.

Par le placement de deux points à droite ou à gauche de ces barres, on indique ce que l'on appelle une *reprise*.

La reprise d'une série de mesures de n'importe quelle quantité, à droite ou à gauche, quelquefois même des deux côtés de ces barres, indique qu'il faut exécuter deux fois ce qui précède ou ce qui suit.

EXEMPLE.

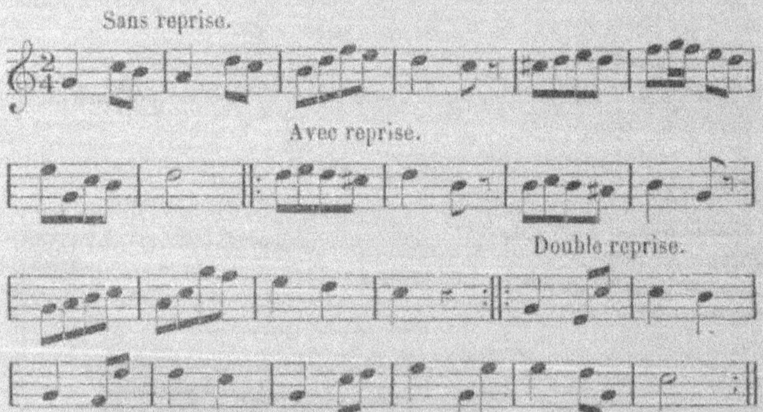

Il arrive souvent que le compositeur fait des changements vers la fin d'une reprise. Ces changements d'une ou plusieurs reprises s'indiquent en mettant *1re fois*, *2me fois*, à l'endroit où l'auteur désire qu'ils soient opérés.

La 1re fois veut dire qu'il faut recommencer, comme l'indiquent les petits points, et à la 2e fois de l'exécution, on doit sauter l'endroit marqué 1re fois et passer à celui marqué 2e fois.

Exemple.

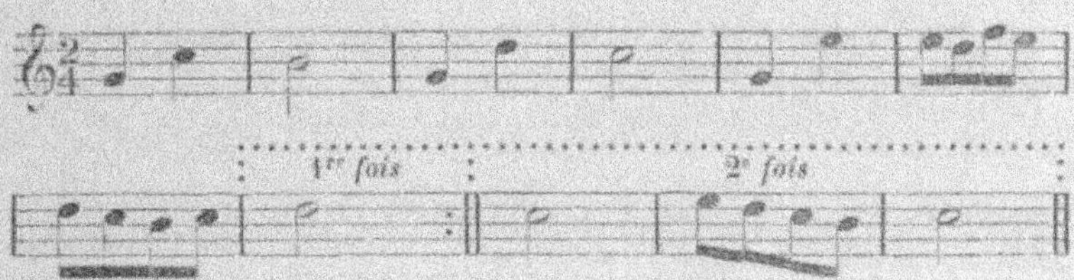

DU RENVOI.

Le *renvoi* se reconnait par deux signes 𝄋 ou *DC*, ce dernier appelé *da-capo*, en italien ; ils indiquent tous deux qu'il faut revenir au commencement.

L'exécutant devra, à la deuxième rencontre du signe 𝄋, sauter au premier, c'est-à-dire reprendre à l'endroit où se trouve placé le premier 𝄋, et finir au mot *fin* ou *fino* en italien.

Exemple.

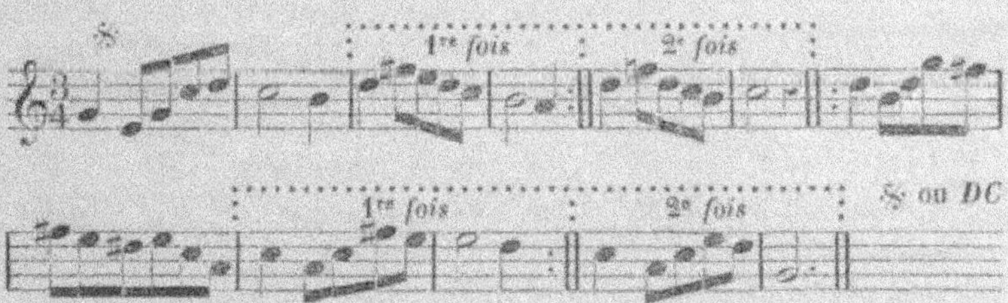

Le *DC* ne se trouvant placé qu'à la fin d'un morceau, l'exécutant devra reprendre au commencement, en observant néanmoins les 1re, 2me fois et reprises.

CHAPITRE XXXIV

Des clefs et des transpositions.

Ainsi que je l'ai dit au chapitre Ier, il y a trois sortes de *clefs*, la clef de *sol*, la clef d'*ut* et la clef de *fa*. Ces trois sortes de clefs se placent sur différentes lignes, savoir :

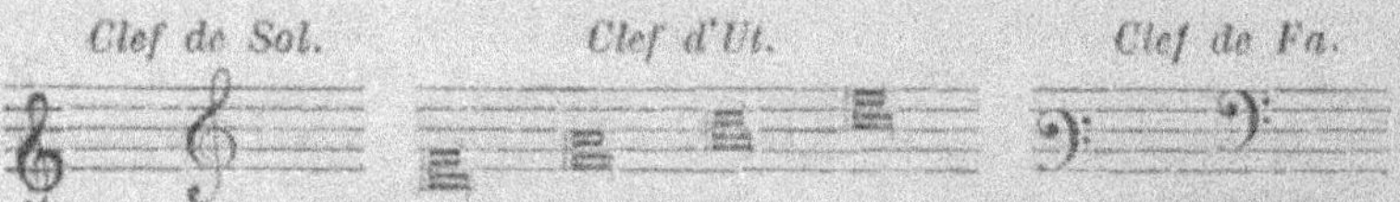

Ces trois sortes de clefs placées sur différentes lignes servent pour faciliter la *transposition* ou *traduction* d'un morceau de Musique d'un ton à un autre, soit plus haut, soit plus bas.

Elles servent aussi à constituer la différence qui existe entre les voix de *basse*. *contralto*, *soprano* ou *ténor* ; elles s'appliquent dans la partie instrumentale aux *basses*, *altos*, *violons*, *flûtes*, etc., etc.

RAISONNEMENT SUR L'EMPLOI DES CLEFS.

1° La clef de *sol* 1re ligne est très peu usitée, les notes portant le même nom que celles de la clef de *fa* 4° ligne ; on l'emploie très rarement.

2° La clef de *sol* 2° ligne s'applique à toutes les parties vocales et instrumentales chantantes.

3° La clef d'*ut* 1re ligne sert pour la transposition et pour la partie de soprano dans la vocale.

4° La clef d'*ut* 2° ligne ne sert que pour la transposition.

5° La clef d'*ut* 3° ligne s'applique spécialement aux parties d'alto (parties intermédiaires entre celles du chant et de la basse). — On l'emploie également pour la transposition, et particulièrement pour les basses chantantes, telles que violoncelle, basson, 1er et 2° trombones, ophicléides, etc., dans la partie instrumentale, et pour les contraltos, dans la vocale.

6° La clef d'*ut* 4° ligne est employée, comme celle d'*ut* 3° ligne, pour la partie instrumentale ; elle sert aussi pour les parties de ténor dans la vocale. — Les clefs d'*ut* 3° et 4° lignes ayant une différence de tonalité d'une octave plus haut que celle de *fa* 4° ligne, on les emploie afin d'éviter la confusion des lignes additionnelles qui existerait dans un passage écrit en clef de *fa* ; en même temps, elles donnent à l'exécutant beaucoup plus de facilité pour la lecture musicale.

7° La clef de *fa* 3e ligne, comme celle d'*ut* 2e ligne, ne sert que pour la transposition.

8° La clef de *fa* 4e ligne s'emploi pour toutes les parties de basse vocales et instrumentrales.

DE LA TRANSPOSITION.

Le mot *transposition* signifie *changer le ton d'un morceau de Musique*, c'est-à-dire *le hausser ou le baisser*.

La transposition a toujours été considérée comme une des plus grandes difficultés de cet art. Par un simple raisonnement, ainsi que nous l'avons fait jusqu'à présent dans toutes les leçons précédentes, nous allons prouver qu'il n'est pas plus difficile de *transposer* dans tous les tons, avec n'importe quelle clef, que de comprendre les premiers éléments de la Musique.

Il s'agit pour cela de se rappeler que

DANS TOUTES LES CLEFS, LA NOTE PLACÉE SUR LA LIGNE DE LA CLEF, PREND LE NOM DE LA CLEF.

EXEMPLE.

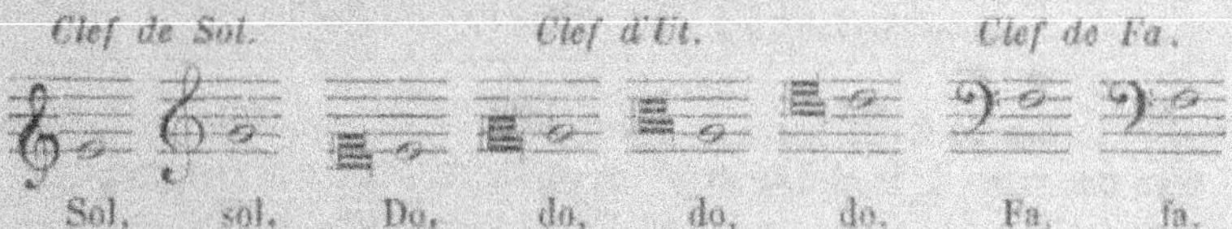

Par cette même remarque dans l'exécution de la transposition ou traduction d'un morceau de Musique, avec n'importe quelle clef et quel ton, par la fréquente rencontre de la note qui doit servir de base, c'est-à-dire qui se trouve sur la ligne de la clef, il sera très facile à l'exécutant de connaître le nom des autres notes ; il ne suffira que de se rappeler le nom et la ligne sur laquelle est placée la clef.

On remarquera qu'au lieu d'employer la syllabe *ut* nous écrivons *do* ; parce que *do* est définitivement adopté en France depuis l'établissement du Conservatoire, et qui remplace la syllabe *ut*, qui est plus sourde.

Quelques écrivains attribuent l'origine de la syllabe *do* à Doni, musicien qui vivait en 1630. D'après d'autres, Bononcini passe pour être un des premiers qui en aient parlé. Au reste, les Italiens, qui prononcent *do* quand ils solfient, ont conservé le gothique *E sol fa ut* quand ils parlent d'*ut* comme note et comme tonique.

(F. BENOIST, *Dictionnaire de Conversation*.)

CHAPITRE XXXV

Du nom et de l'intonation des notes avec toutes les clefs.

La *clef de sol 2e ligne* étant la plus usitée pour l'enseignement de la Musique, nous continuons à l'employer pour faire connaître et comprendre le nom et l'intonation des notes avec toutes les clefs et la différence qui existe entre elles.

Clef de Sol 2e ligne.

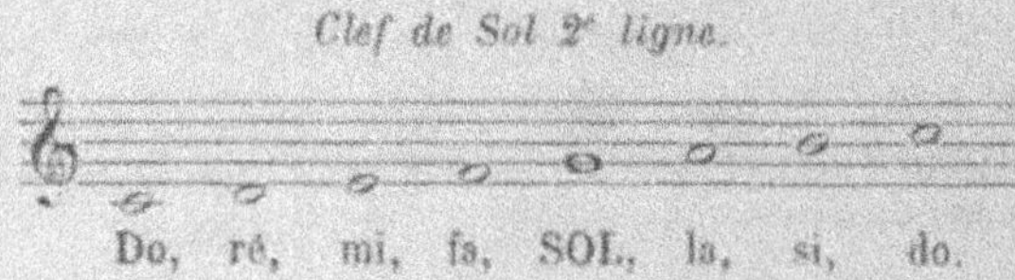

Exemple.

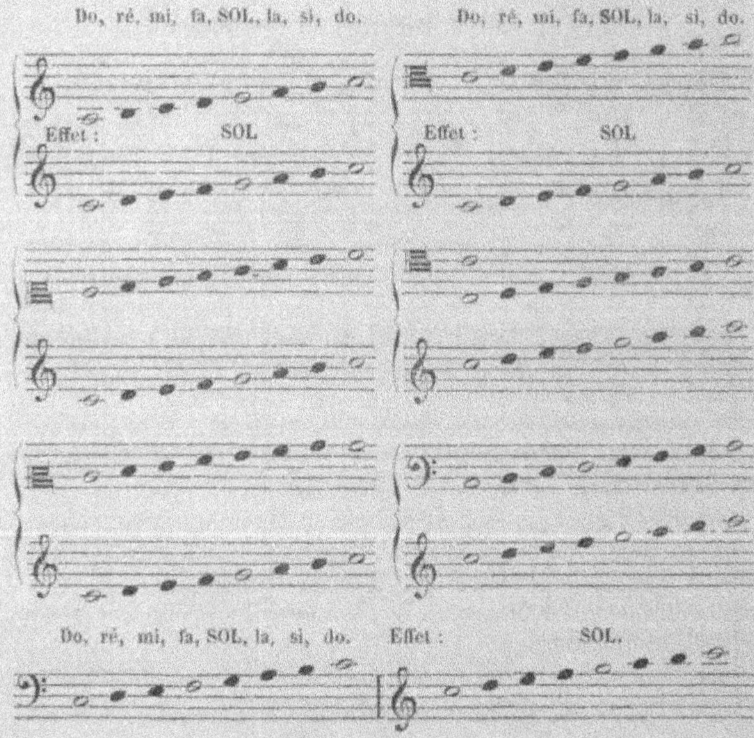

EXERCICE SUR LES TRANSPOSITIONS.

Par le moyen des clefs, une note peut être appelée de sept dénominations différentes.

EXEMPLE.

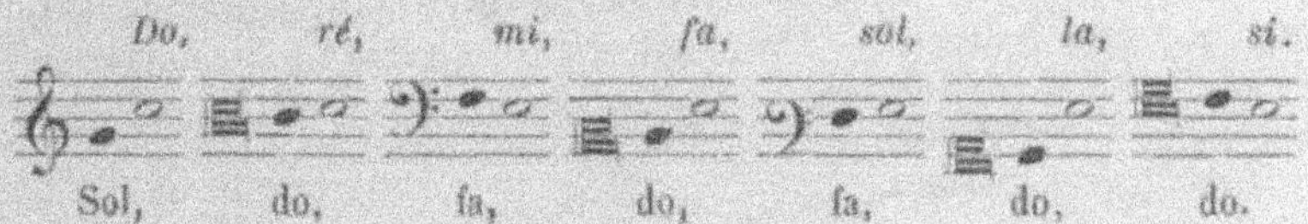

Par le changement des clefs, signes caractéristiques ou accidents placés au commencement d'un morceau (chap. XIV) et à leurs places respectives (chap. XVI), une note peut subir quinze tonalités différentes.

EXEMPLE.

Phrase transposée dans tous les tons majeurs.

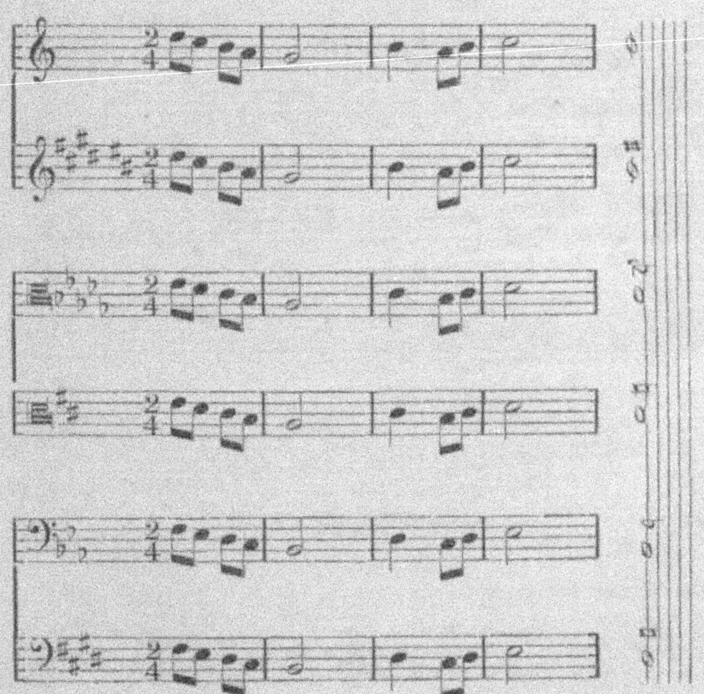

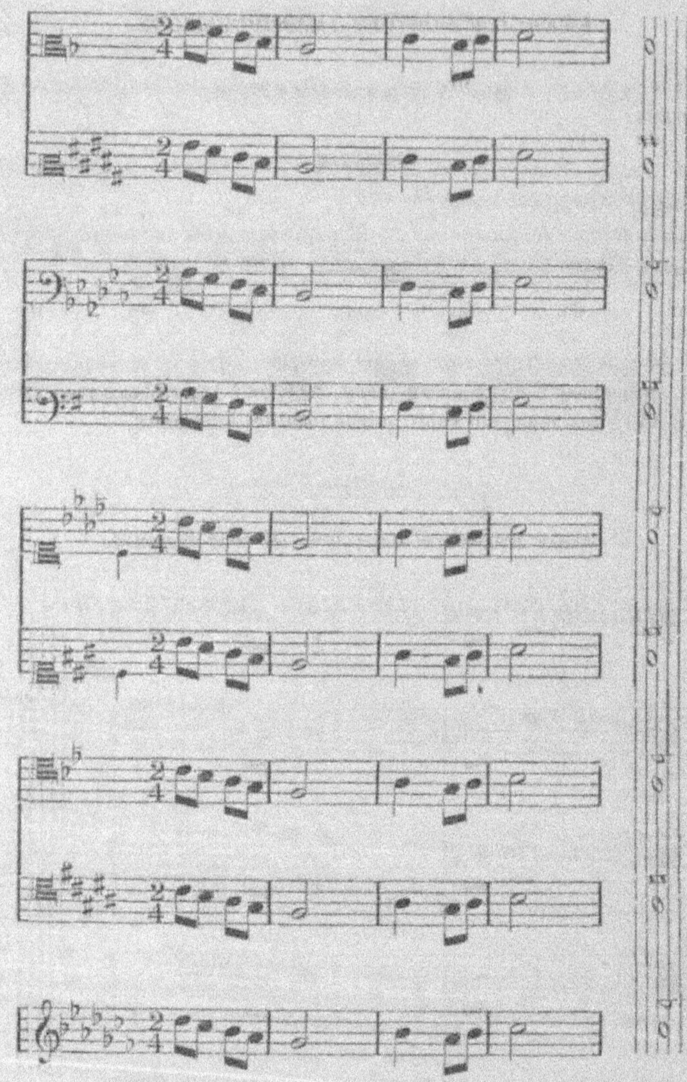

CHAPITRE XXXVI

De l'intonation.

Par l'emploi de la clé de *sol* 2e ligne on va comprendre facilement l'intonation des notes avec toutes les clés.

L'élève devra remarquer et se rappeler que toutes les notes correspondant à celles écrites en clé de *sol* 2e ligne ont la même intonation.

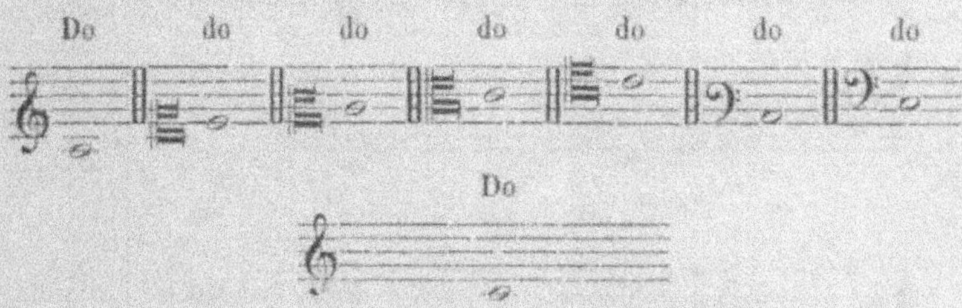

ETENDUE DE LA MUSIQUE AVEC TOUTES LES CLÉS.

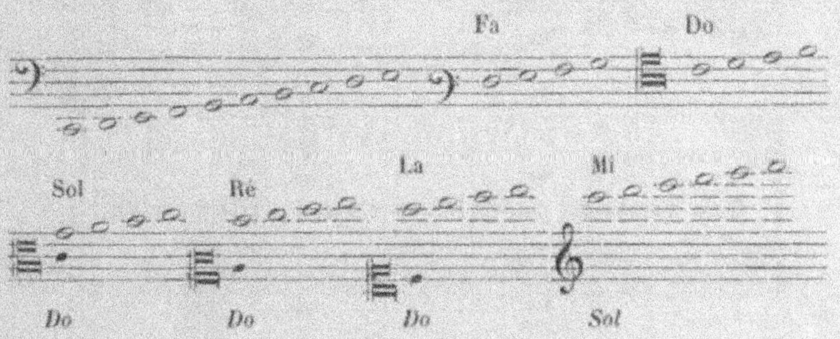

DES ACCIDENTS DANS LE COURANT D'UN MORCEAU TRANSPOSÉ OU TRANSCRIT.

Il est urgent d'observer que dans un morceau transposé ou transcrit les accidents placés dans le courant du morceau changent souvent de nature, mais leur effet d'altération ou degré d'intonation entre eux et la note qui les suit ou qui les précède doivent être respectés.

Exemple.

En Do.

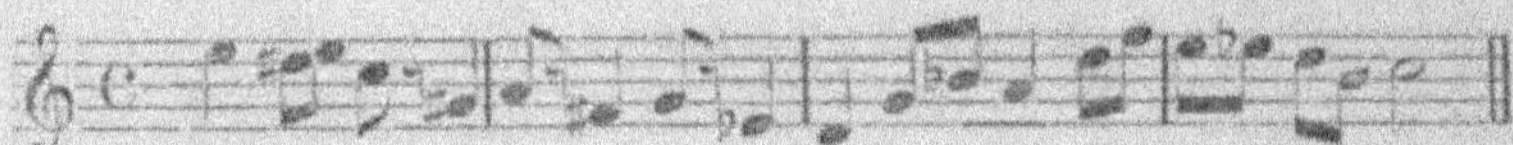

Un ton et demi plus haut :

En Mi ♭.

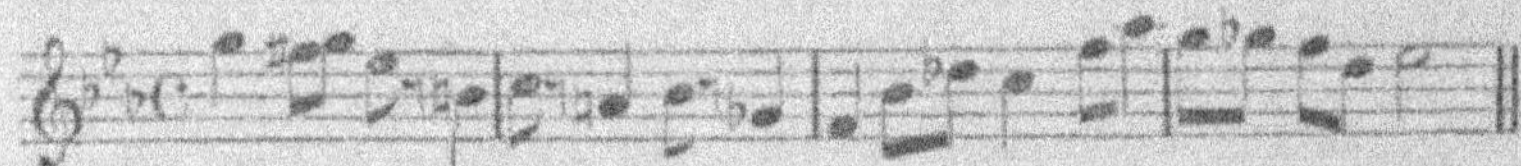

Un ton et demi plus bas :

En La.

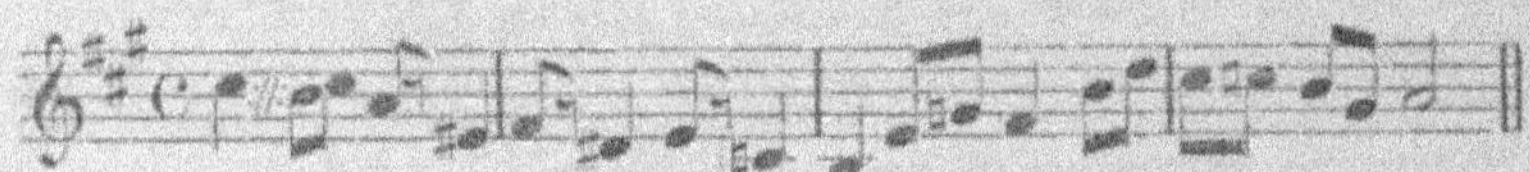

Par les demi-tons diatoniques et différentes notes altérées, changées de nature, qui se trouvent dans cet exemple, l'élève comprendra l'importance qu'il doit ajouter dans la transposition d'un morceau, soit en exécutant, soit en écrivant.

CHAPITRE XXXVII

Des accords parfaits majeurs et mineurs.

Dans tous les tons majeurs, l'accord parfait se compose de *tierce* majeure et *quinte* juste.

Accords parfaits majeurs avec des dièses.

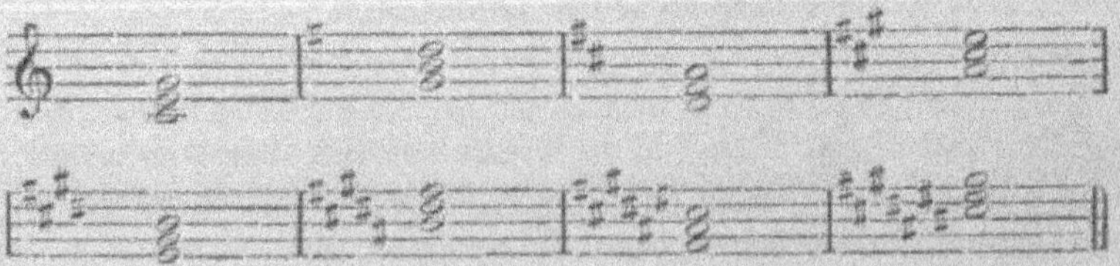

Avec les bémols.

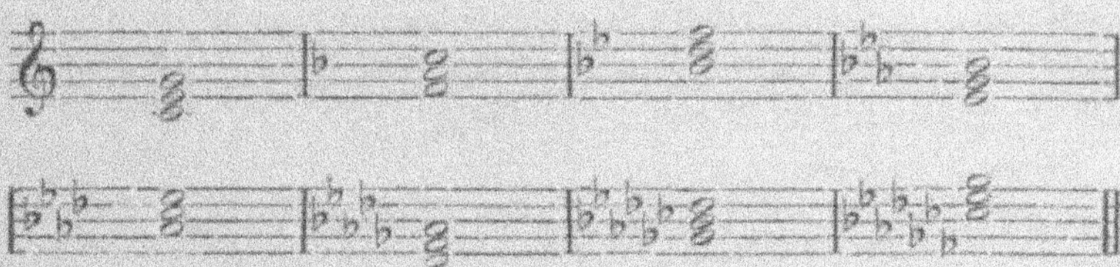

Dans tous les tons mineurs, l'accord parfait se compose de *tierce* mineure et *quinte* juste.

Accords parfaits mineurs avec des dièses.

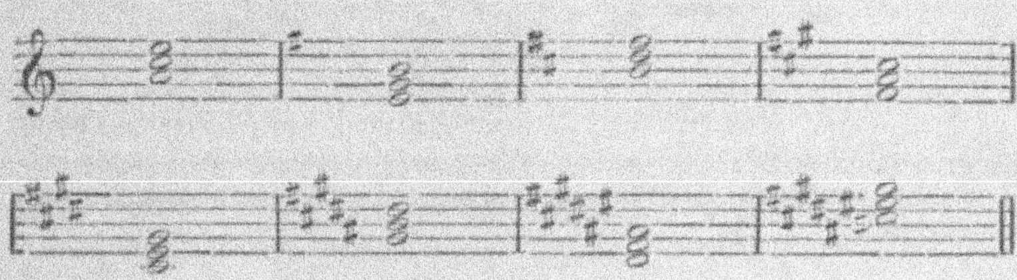

Avec les bémols.

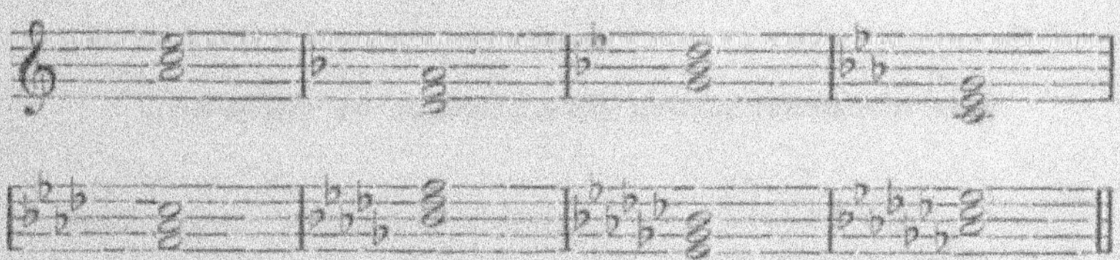

MANIÈRE DE PASSER DU MAJEUR AU MINEUR ET DU MINEUR AU MAJEUR.

Pour passer du majeur au mineur, il suffit d'altérer la quinte du ton par un accident, en la haussant d'un demi-ton ; et pour revenir du mineur au majeur, laisser la quinte juste, c'est-à-dire sans altération.

EXEMPLE.

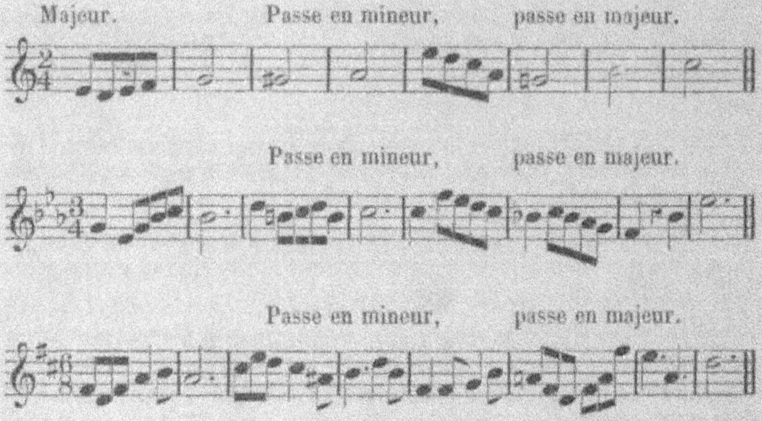

Les signes ou accidents que l'on a dû remarquer à la sixième mesure de chacune des phrases de cet exemple, sont appelés *accidents de prévoyance*, pour assurer le retour de la tonalité majeure.

CHAPITRE XXXVIII

De la manière de s'accorder et chanter.

Notons en passant une réflexion que nous suggère le motif de ce chapitre.

Il existe une chose que chacun a dû considérer. C'est la facilité et le naturel que l'on a, et cela chez toutes les populations du globe, à chanter la gamme majeure sur n'importe quelle intonation et sans dévier d'un demi-comma. Pourquoi? C'est que la Musique, c'est-à-dire les sept notes qui forment la gamme, font partie de l'organisation humaine, et c'est en même temps ce qui nous force à croire que la Musique ou les sons n'ont jamais été inventés; on a seulement perfectionné ce don de la nature en combinant les accords.

A part quelques rares exceptions, dès l'âge le plus tendre, tout le monde entend, comprend et chante la gamme majeure sur n'importe quelle intonation, en observant les tons et demi-tons qui la composent (chap. XIV), et cela sans connaître les premiers principes de la Musique ; ces intonations font donc partie de l'organisation naturelle.

C'est par cette seule remarque que nous avons trouvé la manière très facile pour faire chanter dans n'importe quel ton, en observant involontairement les intervalles non accidentés (les accidents font partie des connaissances musicales), avec un seul moteur.

Comme en toute chose rien ne peut se faire sans un point de départ, d'appui ou d'intonation, nous adoptons, comme nos prédécesseurs, un petit instrument appelé *diapason*.

(On peut adopter comme moteur en Musique tout autre instrument ou objet produisant un son quelconque, pourvu que l'intonation en soit connue).

Le *diapason* approuvé par nos grands maîtres produit la note *la*. L'intonation du son de cette note ayant été reconnue comme la plus propice par sa position intermédiaire entre les sons les plus graves et les sons les plus aigus, a été constitué comme moteur en Musique, et on s'en sert pour accorder les voix et les instruments.

Nous allons procéder par l'intonation de *la* pour établir un exemple.

Intonation du diapason.

Moteur.

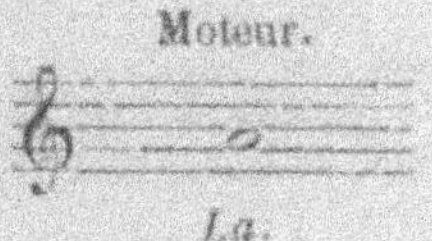

La.

Manière de s'accorder dans tous les tons.

Avec les bémols.

Pour s'accorder et chanter dans tous les tons majeurs avec les bémols, il suffit de prendre le son du moteur, et avec cette intonation trouver celle de la note *do ;* on s'accorde sur cette dernière de la manière suivante :

Moteur. *Accord.*

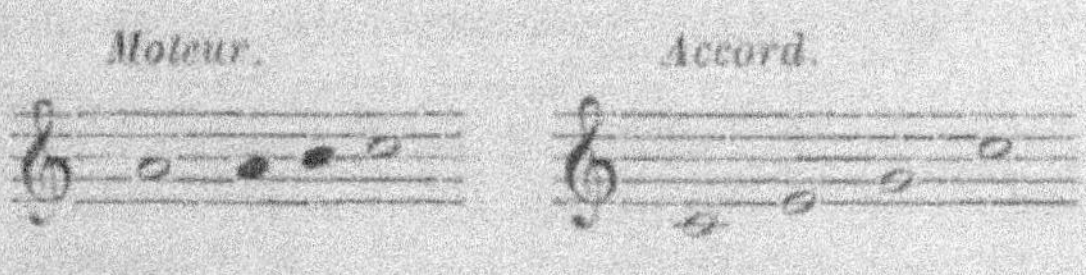

On fait ensuite la gamme :

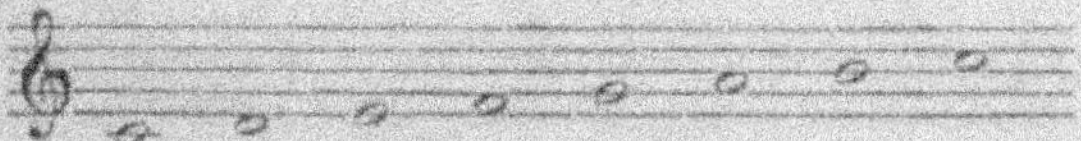

Et l'on monte de *quarte* en *quarte*, la considérant comme *tonique*, s'accordant et faisant la gamme sur chacune d'elles, comme pour le ton de *do*, et ainsi de suite, jusqu'à l'intonation du ton dans lequel l'on veut ou doit chanter.

Exemple.

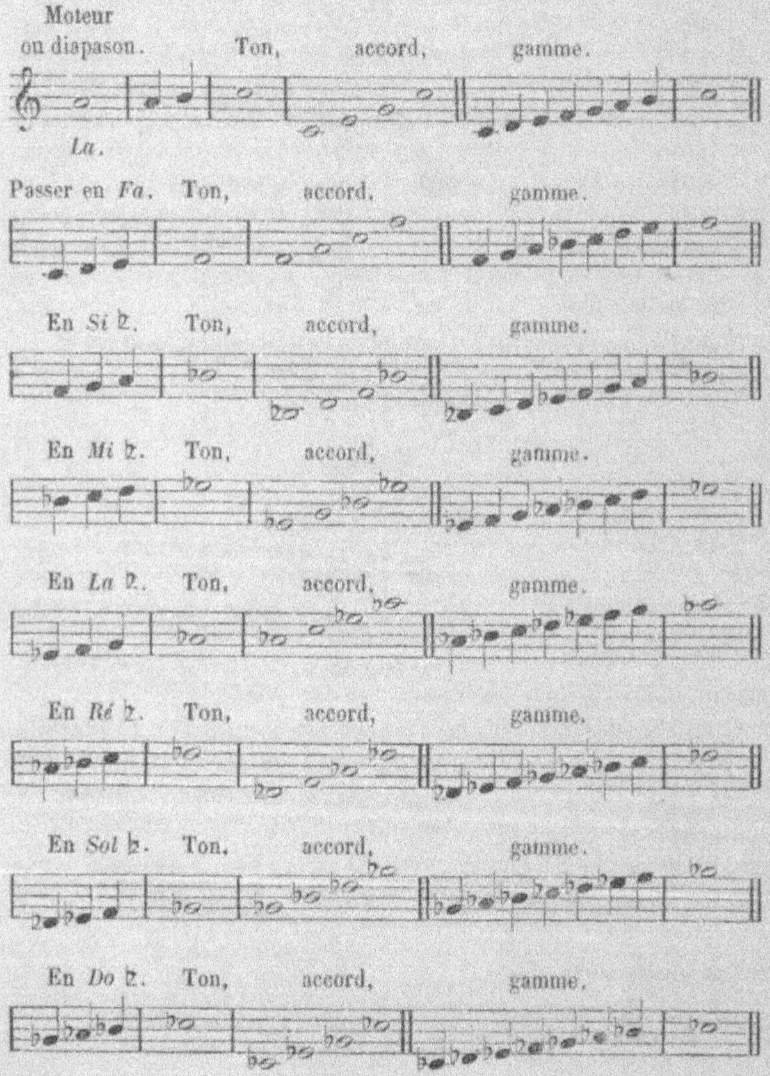

Pour retourner et retrouver l'intonation des tons précédents à la fin de cet exemple, il ne suffit que de descendre de la même manière que l'on a monté, c'est-à dire de quarte en quarte, toujours en s'accordant et faisant la gamme sur chacune d'elles.

Exemple.

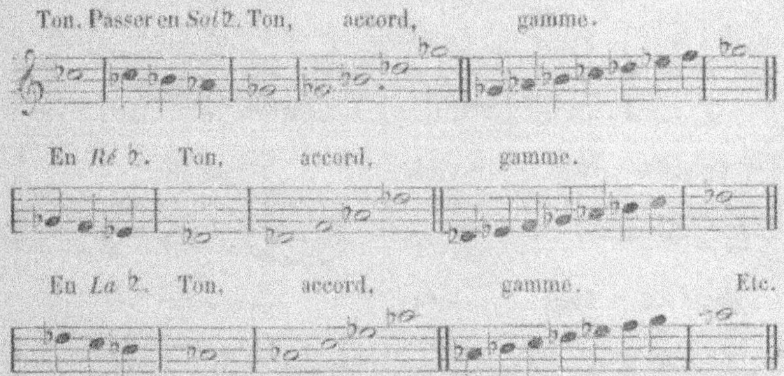

Avec les dièses.

Pour s'accorder et chanter dans tous les tons majeurs avec les dièses, il en est de même que pour tous les tons majeurs avec les bémols : il faut prendre l'intonation du moteur, saisir la note *do*, s'accorder et faire la gamme, *descendre* de quarte en quarte, la considérer comme tonique en s'accordant et faisant la gamme comme pour le ton de *do*; ainsi de suite, jusqu'à l'intonation du ton dans lequel l'on veut ou l'on doit chanter.

Exemple.

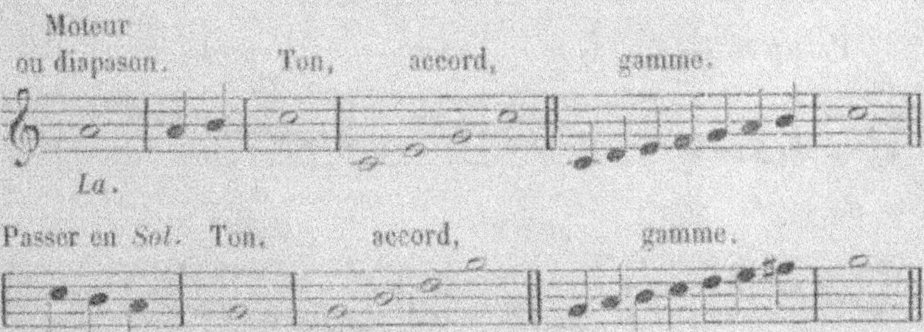

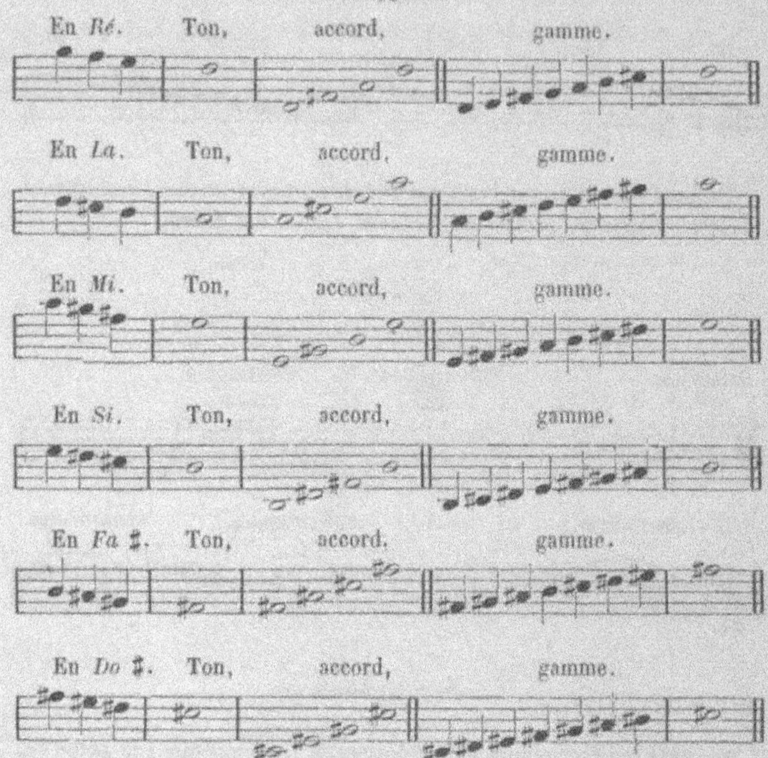

Pour retourner et retrouver l'intonation des tons précédents, au dernier de cet exemple, il ne suffit que de monter de la même manière que l'on est descendu, c'est-à-dire de quarte en quarte, toujours en s'accordant et faisant la gamme sur chacune d'elles.

EXEMPLE.

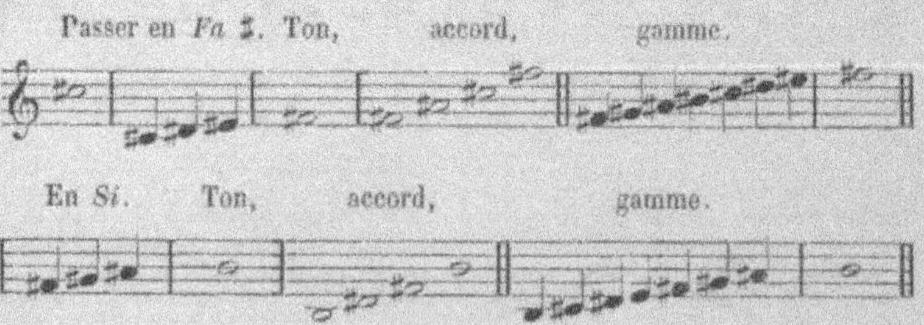

En *Mi*. Ton, accord, gamme. Etc.

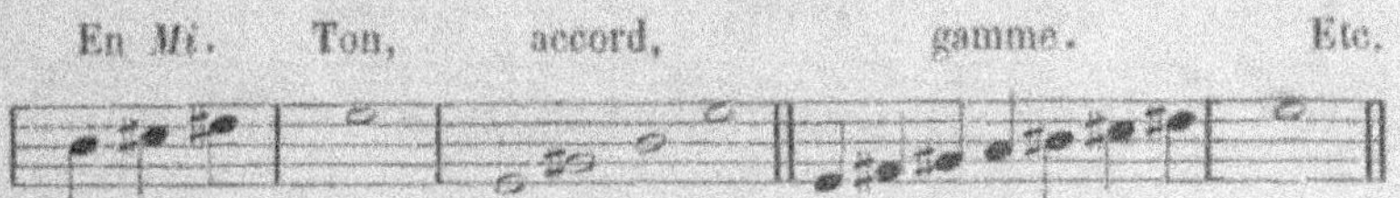

On peut s'accorder par le moyen des sons enharmoniques, considérant les dièses comme des bémols et les bémols comme des dièses.

EXEMPLE.

Diapason. Enharmonie, enharmonie,

enharmonie, enharmonie, enharmonie.

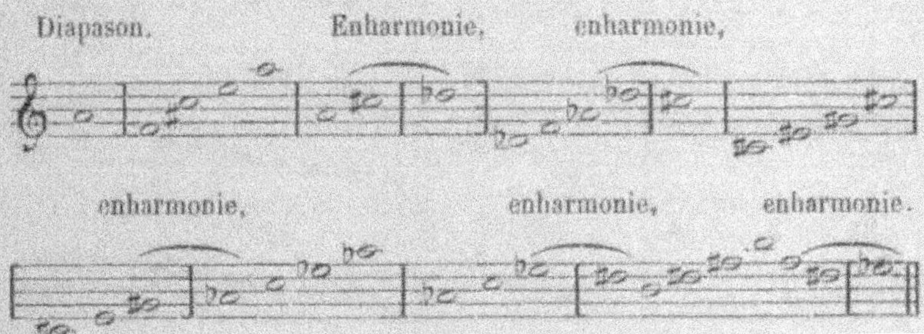

Des tonalités mineures.

De même que les intonations accidentées, les tons mineurs font partie des connaissances musicales.

On peut procéder de la même manière que pour les tons majeurs, en observant la tierce mineure en s'accordant, et altérant la septième de la gamme en la haussant d'un demi-ton (chap. XIX), après avoir pris l'intonation du majeur et descendu de deux degrés pour celle du mineur.

En *La*. Accord, gamme. Etc.

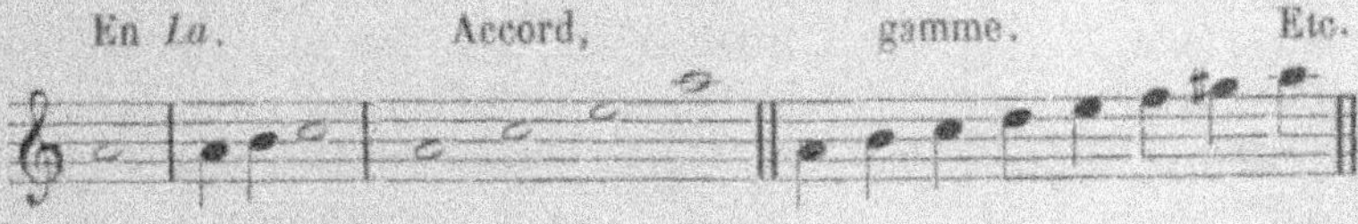

CHAPITRE XXXIX

Indication des signes, nuances et mouvements.

Dans ce dernier chapitre de la Grammaire Musicale nous allons donner la signification et les abréviations des divers signes les plus usités.

Du soufflet, du double-soufflet et de l'octave.

Le *soufflet* ——— indique que toutes les notes qui se trouvent placées au-dessous doivent être exécutées en commençant le son doucement à la partie étroite et augmentant de force jusqu'à la fin où le signe va s'élargissant.

Le *double-soufflet* ——— comme le simple *soufflet*, indique qu'il faut commencer doucement, augmenter progressivement le son jusqu'à la partie la plus large, en diminuant de même jusqu'à la fin du signe.

Le mot *octave*, que l'on figure souvent ainsi : 8va....... signifie que toutes les notes qui se trouvent placées au-dessous de ce signe et des points qui l'accompagnent doivent être exécutées une octave plus haut.

Signes :	*Abréviations :*	*Signification :*
Forte....................	F..........	fort.
Fortissimo...............	FF.........	très fort.
Très fort................	FFF........	le plus fort possible.
Piano....................	P..........	faible.
Pianissimo...............	PP	très faible.
Très piano	PPP.......	le plus faible possible.
Mezzo forte..............	MF........	demi-fort.
Rinforzando	RINF.......	renforçant.
Sforzato.................	SFZ........	renforcer.
Crescendo................	CRESC.....	en augmentant.
Descrescendo.............	DECRESC ..	en diminuant.
Diminuando	DIM.......	diminuant le plus possible.
Morendo..................	MOREN....	en mourant.
Ritardando...............	RITARD....	en retardant.
Ritenuto.................	RIT........	retenu.
Rallentendo..............	RALL......	rallentissant.
Legato...................	LEG.......	lié.

Staccato	STAC.	détaché.
Leggiere	LEGG.	léger.
Portando	PORT.	portant le son.
Espressivo	ESPRESS.	avec expression.
Stringendo	STRING.	en serrant.
Accelerando	ACCEL.	en accélérant.
A tempo	A TEMPO.	premier temps.
Animato	ANIM.	animé.
Ad libitum	AD LIB.	à volonté.
Ben marcato		bien marqué.
Con forza		avec énergie.
A piacere		à plaisir.
Con calore		avec chaleur.
Con fuoco		avec feu.
Con allegrezza		avec allégresse.
Caldando		avec chaleur.
Con delicatezza		avec délicatesse.
Con gusto		avec goût.
Con anima		avec âme.
Con grazia		avec goût.
Poco a poco		peu à peu.
Calando		en diminuant.
Con spirito		avec esprit.
Doloroso		avec douleur.
Con motto		avec mouvement.
Molto		beaucoup.
Quasi		presque.
Comodo		commodément.
Espressione		expression.
Non troppo		pas trop.
Mosso		animez un peu.
Assai		plus vif.
Brioso		brillant.

MOUVEMENTS.

Mouvements :	*Abréviations :*	*Signification :*
Allegro	ALL.	gai.
Allegretto	ALLE^{tto}	pas trop gai.
Agitato	AGI^{to}.	agité.
Vivace		avec vivacité.

Presto		plus vite.
Prestissimo		très vif
Con brio		avec brillant.
Grazioso		gracieusement.
Andante	AND^{te}	mouvement gracieux.
Andantino	AND^{no}	moins lent qu'Andante.
Moderato	MOD^{to}	modérément.
Tempo di marcia		temps de marche.
Cantabile		chantant avec goût.
Maestoso		majestueusement.
Adagio		lentement.
Larghetto		largement.
Lento		lent.
Largo		large.
Sostenuto		soutenu.
Affettuoso		affectueux.

FIN.

TABLE DES CHAPITRES

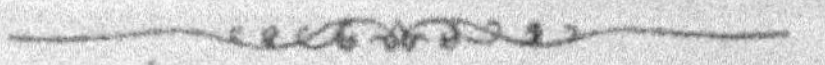

ERRATA

A la page **82** :

Exemple clé d'*ut* 4ᵉ ligne, lisez l'effet en clé de *sol* une octave au-dessous.
— *fa* 3ᵉ ligne, — de même.
— *fa* 4ᵉ ligne, — deux octaves plus bas.

ON TROUVE CHEZ LE MÊME ÉDITEUR

Trois spécialités bien distinctes :

Les Chansons avec ou sans Musique ;
Les Pièces de Théâtre ;
Les Compositions Provençales.

M. CARNAUD, de plus en plus désireux de maintenir à son Etablissement le rang qu'une vogue toujours croissante lui a assigné pour les trois spécialités ci-dessus énoncées, s'est mis en rapport, relativement à ces articles, avec les principales maisons de la **CAPITALE** ; il peut assurer qu'aucune librairie de province ne pourra désormais rivaliser avec la sienne, soit pour son assortiment de Productions déjà éditées, soit pour ses réceptions journalières des nouvelles publications. Sa devise étant : « Petits bénéfices souvent répétés forment les grands profits, » ses prix seront toujours les plus restreints possibles.

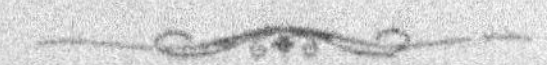

A LA MÊME LIBRAIRIE

LES

SUCCÈS MARSEILLAIS

Collection de Romances, Chansons et Chansonnettes
avec accompagnement de Piano ;

Prix : 25 c.; franco, 30.

Cette Collection donnera toutes les publications qui auront obtenu le plus de succès à Marseille.

Voici les titres des 23 numéros parus :

Les Cocotes, chansonnette (épuisé).
Moi t'oublier ! romance.
Le Marseillais patriote, chansonnette.
Les deux Pigeons, chansonnette.
Wilfrid, romance.
Un mot d'espoir, romance.
Mes Regrets, romance (second tirage).
L'Esclave et le Ramier, orientale.
Sur la Lagune, barcarolle.
Jeannot et Jeannette, légende.
Revenez, romance.
Je dois mourir, romance.
Le Tambour crevé, chansonnette.
A un Nuage, romance.
L'Orphelin, romance dramatique.
Les Vers luisants, satire.
Lis et Papillon, romance.
Visions, rêverie.
Je ne vous crois plus, romance.
Les Trésors de l'Ame, romance.
Charmant Roseau, romance.
Le Temps et le Vieillard, romance.
Les vingt ans de Jeannette, chansonnette.

www.ingramcontent.com/pod-product-compliance
Ingram Content Group UK Ltd.
Pitfield, Milton Keynes, MK11 3LW, UK
UKHW021551260726
13993UKWH00002B/759

9 782329 211862